# 读懂
# 青春期孩子的
# 成长信号

## THE TEEN INTERPRETER

*A Guide to the Challenges
and Joys of Raising Adolescents*

〔美〕特丽·阿普特　著
（Terri Apter）

袁少杰　赵昕培　译

新华出版社

图书在版编目（CIP）数据

读懂青春期孩子的成长信号 /（美）特丽·阿普特著；
袁少杰，赵昕培译. -- 北京：新华出版社，2024.10.
ISBN 978-7-5166-7580-9
I. G782
中国国家版本馆 CIP 数据核字第 202425UC43 号

The Teen Interpreter: A Guide to the Challenges and Joys of Raising Adolescents by Terri Apter
Copyright ©2022 by Terri Apter
Simplified Chinese edition copyright ©2024 by East Babel (Beijing) Culture Media Co. Ltd. (Babel Books)
Published by arrangement with W. W. Norton & Company, Inc. Through Bardon-Chinese Media Agency. All rights reserved.

版权所有，未经出版人事先书面许可，任何人不得以任何电子、机械方式或途径复制传播本出版物的任何部分，包括但不限于影印、录制或使用任何信息存储和检索系统。
本书中文简体版权归属于新华出版社和东方巴别塔（北京）文化传媒有限公司
北京市版权局著作权合同登记号：01-2024-3545

### 读懂青春期孩子的成长信号

| | | | |
|---|---|---|---|
| 作者：[美]特丽·阿普特 | | 译者：袁少杰　赵昕培 | |
| 出版发行：新华出版社有限责任公司 | | | |
| （北京市石景山区京原路 8 号　邮编：100040） | | | |
| 印刷：天津鸿景印刷有限公司 | | | |
| 成品尺寸：145mm×210mm　1/32 | | 印张：9.5　字数：196 千字 | |
| 版次：2025 年 1 月第 1 版 | | 印次：2025 年 1 月第 1 次印刷 | |
| 书号：ISBN 978-7-5166-7580-9 | | 定价：68.00 元 | |

**版权所有·侵权必究**
如有印刷、装订问题，本公司负责调换。

微店

视频号小店

抖店

京东旗舰店

请加我的企业微信

微信公众号

喜马拉雅

小红书

淘宝旗舰店

扫码添加专属客服

# 目录 CONTENTS

引 言 ... 01
    混乱的亲子关系 ... 04
    为什么写这本书？ ... 06

## 第一章
## 步入青春期：孩子为什么判若两人 ... 001

    内在的陌生人 ... 003
    镜子中的陌生人 ... 005
    男孩、女孩与跨性别者的自我凝视 ... 010
    青少年混乱的自我 ... 014

代　沟 017
青少年和家长的常态危机 020
总结与练习 023

## 第二章
# 青春期大脑重塑：孩子到底在想什么 027

旺盛的大脑发育 028
冒险的诱惑 032
青少年大脑中的愉悦与恐惧 035
青少年大脑中的心智化 038
关系会强化青少年大脑 040
青少年的生物钟 043
交流与管教 046

## 第三章
# 负面情绪的表达：帮孩子管理情绪 051

情绪粒度 052
大脑和身体如何产生情绪 055
消极但必要的感受 057
把青少年放在心上 059

分辨情绪与控制身体　　　　　　　　　　*061*

　　总结与练习　　　　　　　　　　　　　　*064*

## 第四章
# 青少年友谊：孩子交友的益处　　*071*

　　关于群体的简短历史　　　　　　　　　　*073*

　　部落自我　　　　　　　　　　　　　　　*075*

　　镜中我　　　　　　　　　　　　　　　　*078*

　　与朋友进行自我探索　　　　　　　　　　*082*

　　选择不进行身份认同　　　　　　　　　　*084*

　　聊"八卦"的重要性　　　　　　　　　　*086*

　　数字世界中的朋友　　　　　　　　　　　*092*

　　总结与练习　　　　　　　　　　　　　　*096*

## 第五章
# 同辈压力：孩子交友的风险　　*101*

　　青少年朋友的"危险栖息地"　　　　　　*103*

　　来自同伴的性别压力　　　　　　　　　　*107*

　　青春期男孩友谊中的同辈压力　　　　　　*111*

　　新技术加剧旧危险　　　　　　　　　　　*113*

共同调节的必要性　　　　　　　　　　　　*121*

　　总结与练习　　　　　　　　　　　　　　　*123*


## 第六章
# 青春期的爱与性：成长的必修课　　　　*129*

　　白日做梦与残酷现实　　　　　　　　　　*134*

　　男孩和女孩的分手　　　　　　　　　　　*137*

　　性：另一种强大的情绪力量　　　　　　　*139*

　　如何谈论性、拒绝与同意　　　　　　　　*146*


## 第七章
# 对家长的无情批评：如何化解争吵　　　*149*

　　青少年心灵中的家长　　　　　　　　　　*151*

　　青少年如何对家长进行"解读"　　　　　*154*

　　多变的爱　　　　　　　　　　　　　　　*156*

　　听取青少年关于身份的提示　　　　　　　*159*

　　"我感觉他们是对的，但我讨厌这样"　　*161*

　　"一点就着"的不只是青少年　　　　　　*163*

　　道德挑战　　　　　　　　　　　　　　　*167*

　　如何应对青少年的批评　　　　　　　　　*169*

利用青少年的批评 　　　　　　　　　　　　　　*171*

抵挡批评的伤害 　　　　　　　　　　　　　　　*173*

## 第八章
# 青少年的脆弱：挽救孩子的自伤行为　　*177*

自伤的悖论 　　　　　　　　　　　　　　　　　*179*

自伤有多危险 　　　　　　　　　　　　　　　　*182*

社交媒体：原因还是巧合 　　　　　　　　　　　*184*

基因脆弱性与基因韧性 　　　　　　　　　　　　*187*

心理韧性与基因差异 　　　　　　　　　　　　　*190*

总结与练习 　　　　　　　　　　　　　　　　　*196*

## 第九章
# 青春期心身矛盾：读懂孩子的症状　　　*201*

进食障碍：问题不在于精神，而在于身体 　　　　*203*

惊恐发作：陷入旋涡的心与身 　　　　　　　　　*211*

医学无法解释的症状：当"没什么问题"也令人恐慌 　*215*

总结与练习 　　　　　　　　　　　　　　　　　*224*

## 第十章
## 家长的消极影响：无意中的伤害　　　*231*

离　婚　　　*233*
适得其反的赞美　　　*238*
无意识的歧视　　　*242*
自我服务偏见　　　*248*
总结与练习　　　*250*

## 第十一章
## 走出青春期：孩子何时真正长大　　　*255*

关于"雪花"的误解　　　*257*
青少年的大脑何时成熟？　　　*258*
青春期后期的退行　　　*260*
脆弱的镜中我回来了　　　*264*
管理情绪的新挑战　　　*270*

结　语　　　*276*
致　谢　　　*278*
译后记　　　*280*

# 引 言

朱迪坐在厨房里，享受着难得的宁静清晨。她今天上午不用上班，因此也不必手忙脚乱地赶时间。从卫生间传来的噪声使朱迪确信她14岁的女儿柯丝蒂已经醒了。还好，今天她不用喊"该起床了"。今天她不会变成柯丝蒂口中那个"总是很烦人"的家长，也不用忍受自己让女儿"赶紧"时发出的那种压力满满的声音。

听到柯丝蒂的宽拖鞋蹭地的声音，低头看手机的朱迪抬起头来。女儿杂乱的头发和睡眼惺忪的面容使她满心柔情和喜悦。儿童与青少年之间似乎有着清晰的界限，这特别体现在柯丝蒂斜眼看人的动作中和咕哝着说出的问候中。但是，那个讨人喜欢、满心爱意的孩子仍然存在于与原来相似的体貌和富有光泽的皮肤底下，令人愉悦，让人想亲上一口。一阵轻笑从朱迪喉咙里传出来。柯丝蒂眨了两次眼，好像母亲感受到的快乐伤害了她。

朱迪瞄了一眼手机。她抿起嘴唇，慢慢地深呼吸，恢复刚才积极的情绪。"吃早饭吗？"她轻松地提议，"今天喝点儿粥怎么样？

或者吃吐司？"

柯丝蒂叹气。她拧紧眉头、噘起嘴唇，好像要哭了似的。"吐司？"她重复道，"真是愚蠢……真是个愚蠢的提议。"

朱迪脸色发白，又看向手机，专注于短信。柯丝蒂嘟囔着转过身，但朱迪仍然听得见她低低的声音。"你真是蠢透了。"房间里安静了一会儿，两个人都僵着不动。然后，朱迪迅速站起身，说道："你自己做早餐吧。"

"我一直是自己做早餐的。"柯丝蒂反驳道。此时她的眼泪掉了下来，但她用手把眼泪抹掉，伸手去够纸巾。"我想自己做早餐。"她一边擤鼻涕一边说。这句话似乎是一种解释，几乎能理解为道歉了。"而且我从来不吃吐司。"停顿了一下，她又重复道，"你知道我从来不吃吐司。"

"好吧。"朱迪回答道。她轻松的心情已经完全消散了。她感到受伤、愤怒，而且厌倦了这个不可理喻的少女。

"你知道我刚起床时不喜欢说话，我都没睡醒。"柯丝蒂恳求母亲理解自己。但朱迪没有听到女儿的恳求。她只感到了冒犯和拒绝。"好吧。"她冷冷地重复道。

"好吧。"柯丝蒂模仿道。那种和缓的语气消失了。她也感觉自己受到了冒犯和拒绝。

"你真是不可理喻！跟你说话一点儿意义都没有，不是吗？"朱迪喊道。

"你才不可理喻！跟你说话才是一点儿意义都没有！"柯丝蒂靠在柜台上，紧紧抱着双臂。她仍然在流泪，但却没有抽泣。"你只想

# 引 言

要——"她抽噎起来，但为了喘上气停顿了一下，"你只想要那种讨人喜欢的小孩！"板着脸的朱迪走远了，柯丝蒂喊道："你要把我逼疯了！"当母亲走出厨房后，柯丝蒂朝着一把椅子踢了过去。

面对这种场景（我在不同青少年及其父母的家庭中进行了30年的观察，这是我亲眼见到的其中一个场景），人们很容易嘲弄地说一句"青少年就是这样"。我们知道青少年不可理喻，不是吗？我们知道他们不讲道理。如今我们甚至还有神经科学证据来证明青少年的大脑尚未发展成熟，他们自我控制和预见的能力都远远落后于身体的发育成熟。青少年冲动鲁莽，却还要很久才能摆脱家长的控制，而且他们（在某种程度上）知道自己需要这种控制。所以，家长可以从孩子无意义的爆发、粗鲁和叛逆中观察出什么呢？

本书的目标是通过提供一种新视角来转移家长对青少年的期待，而这种视角正是青少年的视角。人们总是认为，要应对孩子的青春期，家长就要稳稳站在"高地"，抵制而不是分享青少年的视角。关于青少年的书籍通常会给家长提供关于界限和控制的建议，并在做出的分析中将青少年贬低为"受激素影响的精神病患"。青少年对事物的直接观察、对自我发现的喜悦和恐惧，以及他们细腻的情感，都被贬低、排斥、忽视了。随后出现的对青少年内在世界的关注和尊重的缺失，使青少年和家长都损失惨重。

### 读懂青春期孩子的成长信号

## 混乱的亲子关系

我在过去几十年中一直为青少年和家长工作,那就像在观察一种激情、联结和拒绝之间的复杂相互作用。这种亲子间的互动即使充满了爱意,有时也让人感到非常不舒服。

许多家长和孩子会经历亲子关系节律的混乱。这种节律产生于婴儿期每时每刻的互动中——也就是那些只存在几秒却意义非凡的眼神、表情、声音,以及姿势中。这些互动可能看起来并不重要,但却复杂、微妙,而且需要亲子双方的协调配合。不论家长还是孩子,在这种互动中的每一方都会改变另一方的内心世界,为对方提供帮助、支持、挑战、修正、监视,以及认可。

对婴儿以及儿童来说,家长对这个世界的视角是可以信任的。家长拥有权威,可以解释某种事物有什么意义、什么行为是正确的,以及人应该感受到什么。家长会抑制和管理婴儿的坏情绪。年幼儿童的恐惧和挫败感会快速升级为"风暴",尖叫和发怒接踵而至,而家长常常能够通过安抚的话语和动作将其平息,比如"好了,好了,没事了"。家长向孩子展示出他们能承受住剧变的情绪。有些时候,或者说很多时候,孩子的挫败感和愤怒会使家长被触发并产生相同的情绪,使双方都处在爆发的状态。但只要家长能在 30% 的情况下控制住孩子的坏情绪,他们就能作为榜样为孩子展示情绪调节的能力,让孩子理解情绪会产生也会消散,以及在人生逆境时可以寻求他人帮助。

在青春期,家长与孩子之间会发生微观反应的混乱。孩子的意

## 引　言

愿发生了转变，变得既不愿意相信家长是智慧的来源，也不愿意相信他们是调节情绪的帮手。许多家长将这种转变看作拒绝，他们告诉我"我那青春期的孩子现在认为我很没用""我家孩子不在乎我怎么想"，甚至"我的孩子恨我，我们之间根本没有爱意"。这些家长实际上是因为失去了珍视的联结而受到创伤。亲子调谐——家长对孩子身上的迹象和信号的警觉——开始变得扭曲。家长因爱意丧失和对不能控制（这种控制正是孩子需要的）青春期的孩子而感到恐惧和觉得受到威胁，从而可能变得僵化和具有防御性。家长因孩子青春期和危险的迹象变得警觉，却忽略了爱意和需要的信号。

我们可以从朱迪对柯丝蒂的反应中看出这一点。我不是说这个14岁女孩的行为是可以接受的。她的行为不可接受。任何年龄孩子的家长都可能因柯丝蒂的这种粗鲁表现感到挫败，还可能因此被激怒。然而，我的关注点并不在于家长或孩子是否做了"对"或"错"的事情，而在于家长和孩子如何构建一种二元关系，即一种亲子在其中共同作用以增强或破坏亲子关系的亲密关系。

朱迪没有去关注在这一特定时刻到底什么是不可接受的，也没有去责备柯丝蒂当时的行为，而是埋怨柯丝蒂整体的人格。"你真是不可理喻""跟你说话一点儿意义都没有"传达出她们的关系发生撕裂的信号。朱迪迅速说出这样的话是因为她觉得自己受到了伤害。

然而，如果朱迪能更仔细地进行审视，如果她能做一个可以冷静地抑制孩子情绪的家长（就像柯丝蒂的爆发不是来自一个14岁的少年，而是来自一个4岁的儿童），她也许就能看到一些其他的东西。朱迪可能会发现，柯丝蒂的解释代表着在她的视角中，母亲把自己当成一个婴儿来照顾。如果朱迪进一步倾听,她也许就能理解为什么她满怀关爱地提议吃早餐会让 14 岁的女儿觉得自己被屈尊俯就地对待。朱迪还可能会理解柯丝蒂是在请求母亲认可她新的自我。比如,柯丝蒂因为母亲还没有理解她(可能是新出现的)对吐司的厌恶而感到挫败。

如果朱迪的头脑更加冷静,她可能就会注意到柯丝蒂在说"你知道我刚起床时不喜欢说话,我都没睡醒"时表达出来的歉意。朱迪如果注意到柯丝蒂独特的生物钟,可能就会理解女儿在早晨感受到的生理不适会导致她喜怒无常。家长说青少年懒惰,将他们在早晨的无精打采归结于"不肯按时睡觉"。然而青少年的身体有着另一套生物钟。他们的大脑在早晨充满睡眠激素,在晚上则因这些激素的缺乏而兴奋。

如果朱迪能读懂孩子的行为,或者能看透孩子的眼神,那么她对女儿拒绝自己的恐惧就会消失。朱迪也可能会注意到柯丝蒂因母亲僵硬的表情和冷冷的语气而感受到的强烈痛苦。她可能会对女儿结合了"为什么我妈妈要和我争论"和"为什么我这么讨人厌"两种矛盾心理的烦躁和不耐烦产生共情。如果朱迪理解孩子的视角,她就可能会改变回应的方式,也可能会与女儿产生联结,而不是发生争吵。

## 为什么写这本书?

在很大程度上,我的工作是去批判家长对青少年行为意义的忽视,并指出他们的亲子关系因此误入歧途。20 世纪的家长们常常

## 引 言

被告知他们的孩子在试图"离开"他们。青春期是分离和反抗的时期，青少年在这段时期里挣扎着对抗儿童期的爱意，并尝试不再将家长当作可靠的知识来源。虽然近年来更多研究表明，青少年仍然与家长有着亲密的联结，而且致力于获得家长的认可和赞许，但青春期代表着反抗和拒绝的印象仍然牢牢刻在流行文化里和许多家长心中。

我写这本书的目标是提供一种看待青少年的新视角，将青少年眼中的世界（像成年人眼中的世界一样清晰地）呈现出来。我希望帮助青少年进行自我表达和自我理解，也希望在青少年学习识别强大的情绪和利用日渐浮现的技能时，指导家长参与到他们的努力中。我想要通过强调这种经常不稳定的关系中的积极方面，把家长重新介绍给他们正处于青春期的孩子，也把孩子重新介绍给家长。但人们如果认识不到亲子关系中的问题，就无法理解关系中至关重要的积极要素。

不知道我们爱的人如何看待这个世界，这是令人极度不安的。在过去几十年里，青少年的生活发生了极大的改变，而家长却没能跟上脚步。最常被家长提及的变化是社交媒体，它们吸引了青少年的注意力并塑造了他们的人格和人际关系。但是，青少年的社会关系也被其他许多因素改变了。青少年现在站在不确定的未来的阴影中。他们为机会、环境担心，也为自己的生计担心。分担了这些压力和不确定性的家长想要保护自己的孩子，却对此感到力不从心。

近 20 年来，人们对青少年的科学理解也发生了巨大的改变。通过卓越的核磁共振成像技术，科学家现在可以利用强大且无害的磁场和无线电波生成活人大脑的图像。这样近距离对活动中的大脑进行审视直到20世纪末才成为可能。青少年的大脑结构和行为既不同于儿童也不同于成人，他们大脑的神秘之处正逐渐被揭示出来。

依靠功能性磁共振成像（functional magnetic resonance imaging，fMRI）技术，科学家得以通过追踪血流量和血氧水平检查活动中的大脑。这些指标指示了人在做出决定时、与他人交谈时，或者感到害怕、被爱或无聊时，大脑的哪一部分会变得活跃。通过fMRI技术，科学家可以观察到青少年大脑中一些特定的系统（特别是那些处理情绪和社交活动的部分）怎样遵循着独特的路径。

针对青少年大脑发育的有趣新发现本应拉近我们与自己孩子的距离，但它们做到了吗？这些发现有时使青少年被视作不合群的、陌生的和难以接近的，从而扩大了青少年与家长之间的鸿沟。通过成人之间的口耳相传，这些神经科学方面的新发现被视为青少年不成熟和有缺陷的证据。但具有独特性的青少年大脑其实具有高度的适应性，能够快速学习，有着好奇心和勇气。对承受风险的意愿、对刺激因素的钟情和对进行冒险的渴望促使青少年进行探索和创新。由于人类环境不断变化，每代人都需要新的知识和新的技能来应对其面对的特殊挑战。青少年的大脑具有极强的可塑性（或者说改变的能力），这使得他们构建出了准备好应对他们所处世界的大脑。

同时，青少年与他们的家长一样，想要保持对他们来说首要和基本的关系。没有什么比无法得到理解更能伤害一段关系。与成人一样，青少年也渴求尊重。说青少年的感受"太疯狂"以及他们的大脑"不成熟"是对他们的一种羞辱。是时候把关于青春期的新科学与青少年的经历相结合,以促进对青少年的目标、心智和尊严的公平看待了。

本书中的探讨均基于我在过去 35 年的职业生涯中曾做过的针对青少年及其家庭的研究,材料包括访谈手稿、录像和青少年及其家长分享给我的日记。60 多个来自不同背景、种族和文化的英国与美国家庭参与了研究。他们的经历揭示了养育过程中存在一种复杂的动态关系,而且青少年对不断变化的生活很敏感。亲子动态关系中的许多主题(联结、信任、安全、成长)可以在多代人中持续存在,但随着青少年的教育、交流和休闲方式,以及他们所处的社会、政治和经济环境的改变,跟上这种变化的速度对家长来说是一项严峻的挑战。但这也是一项重要且值得去做的任务,因为当家长学会理解处于青春期的孩子,他们就能成为有益于孩子心智成长的合作者。

养育不是一个封闭的系统,家长的行为和青少年的反应无法用一条线连接起来。因此,我画不出一张指明"家长应该做什么"的蓝图。这是因为每个家长和青少年都会构建自己的关系,每个人的关系也都有着自己的节律和意义,而这些都植根于特定的家庭和文化。相反,我会给出一些模型。这些模型展示了在亲子关系这出"戏剧"中,不同"演员"会如何以不同的方式理解另一方所说或所做的事,并借之持续影响另一方的行为。

任何关于养育的建议都应该通过这个问题来检视:它能否通过

### 读懂青春期孩子的成长信号

"哥白尼式革命"的测试?"哥白尼式革命"最初是指对天体运行规律的认识的转变,即从太阳围绕地球运动的静态世界模型,转变到更复杂且反直觉的模型——地球不但是围绕太阳运动的,而且同时在一个受到其他行星的质量和运动影响的轨道上运行。在亲子互动的领域里,与之类似的范式转换是指将亲子互动的模型进行改变,摒弃将亲子中的某一方放在静止的中心,且一方只围绕另一方做出反应的模型。

在旧的模型中,孩子偏离轨道,一定是因为家长做了些什么。或者,孩子处在固定的中心,其基因或性格已经定型,而家长只能接受"这个孩子就是这样"。然而,在新的范式中,影响是多方向的,许多不同的力量会塑造孩子和家长双方的道路。

家长和青少年是一个团队,一方的反应、假设以及联系都会影响另一方。通过希望、记忆和恐惧,青少年的行为会引起家长的反应,家长的反应反过来也塑造了青少年的行为。然而,家长造成的影响是通过青少年所处的环境来调节的。青少年所处的环境既包括社会环境也包括神经生物学环境。社会环境包括朋友和当代行为准则日益重要的影响;神经生物学环境即青少年大脑和身体的快速发育。青少年的行为常常是明显不合理的或者混乱的,但是如果家长能够将孩子的行为看作有目标导向的、有意义的和经过思考的,那么家长就更能理解孩子的行为,并尽可能地利用亲子之间强有力的联结。

第一章

# 步入青春期：
# 孩子为什么判若两人

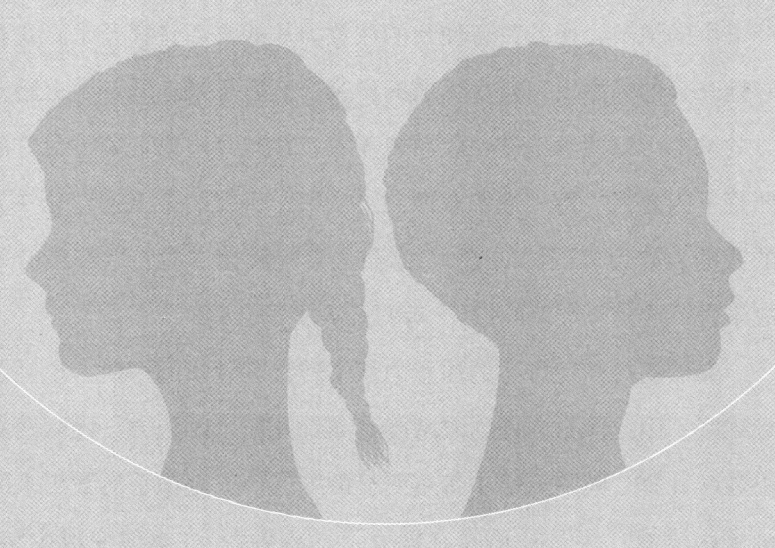

"你根本不了解我。"——但我也不了解自己。

早在我自己进入青春期之前，我就被教导要对青春期心怀恐惧。小时候，有一次我靠在母亲身上听她给我读书。我感受到她深长的呼吸和柔软的身体包围着我。她有意识地用演员的腔调演绎书中的情节，她的声音使我的注意力从故事上转移开来。我看着她开合的嘴唇发出符合情节的声音，然后呆呆地看着她上唇上方的绒毛。那些绒毛被化妆品覆盖着，在她身边桌上笨重台灯的照耀下闪着光。她一边织东西一边读书，手臂的上下摆动让7岁的我的身体也轻轻摇晃着。"你会一直给我读书吗？"我没有等故事告一段落，突然问道，"等我长大了也会吗？"

突然的打断让母亲的注意力从书转移到她织的东西上。她是近视眼，因此倾身向前，眼睛凑到离针几厘米的地方。她两两一组数起针脚，喃喃低语中带着明显的喘气声。她似乎对数出来的结果很满意，于是往后靠在沙发上，告诉我："等你变成少年、青年的时候，你就不会想让我给你读书了。我说什么你都不会想听。"

## 第一章　步入青春期：孩子为什么判若两人

我环视房间，想把一切都刻在脑海里。我想要保存这段记忆，把自己安放在这里，并从那个将要取代我的"陌生人"手中保护我自己。我所寻求的保障——连续性和永恒性——最终还是会被打碎。青春期即将来临，不论我喜不喜欢，它都将让我转变成一个陌生人。

多年间，我都认为这种看法是我母亲对于我将变成一个怎样的青少年的独特观点。直到25年之后，我开始做针对青春期的研究，我才了解到母亲的观点非常普遍。家长会问："她小的时候很快乐，是什么让她变得这么喜怒无常？"家长还会问："他小时候非常开朗也愿意相信别人，为什么他现在不跟我说话了？"我还经常听到这样的话："我都不认识她了。我那个讨人喜欢的孩子好像被一个陌生人取代了。"

## 内在的陌生人

"在青春期，有一个陌生人会侵入原本可爱的孩子的身心"，这种观点代表了一种关于青少年的文化意象——某个你爱的人会变得陌生，并且他还表现得致力于毁掉埋藏在他内心深处的那个好孩子。"青春期扰乱了孩子的核心人格"，大众对这种观念深信不疑，故而青少年也不会注意不到这种看法。青少年的自我观念处于一种波动的状态，这可能令他们兴奋；但家长对这些变化的误解可能导致青少年对于"我是谁"产生困惑或者恐惧。

我对青春期的态度是经过几代人积累而来的。它包含我母亲对于青春期的我会是什么样子的预测；它包含我自己对于当一个青少年是什么感受的记忆——焦躁、易怒且满怀渴望；它也包含我与自己处于青春期的女儿们的纠缠，当时我对于她们有多令人恼火感到震惊，并且陷入了对失去与她们的紧密联结的恐惧；现在，它还包含我女儿对于她的孩子在青春期会是什么样子的焦虑。我4岁外孙女的违抗行为让我女儿在恼怒的同时也感到同等的骄傲，但这呈现出了一种不妙的未来图景。"我真不愿意去想她青少年时会变得多么难对付。"我女儿感叹道。虽然在某种程度上我更加清楚未来可能出现什么情况，但是我同样会回顾这个年幼孩子的率真、信任和快乐，并担心这些都会在她的青春期消失。

然而作为一个心理学家，每当我听到家长说"我青春期的孩子就是一个陌生人"，或者"好像有个外星人替代了我可爱的孩子"，我就想去联系家长和青少年双方，告诉他们现在的这个"陌生人"仍然是他们熟悉的家人，而且即使青少年想要建立自己的个体和独立身份，他（她）也仍然渴望当家长深爱的那个孩子。

这种持续的需求和对独立的渴望之间的冲突催生了一种矛盾心理，而这种矛盾心理使家长和青少年感到同样困惑。青少年既会说"我希望你在这里陪着我"，也会说"我希望你别管我"；他们既会抱怨"你不理解我"，也会坚持要求"离我远一点儿"。青少年一面怨恨家长出现，一面又深深地感激家长的陪伴；他们一面希望他人不来打扰自己，一面又希望家长出现转变，学会新的倾听方式；他们一面对家长的观念漠不关心或置之不理，一面又总是想着获得家长的认可。

当家长发出关于青春期孩子"不可理喻"或者"陌生"的抱怨时，他们就忽视了孩子在很大程度上是想要被他人了解的。而且，在将青少年看作陌生人时，家长放大了青少年对于自身潜藏着一个"陌生人"的不安。

## 镜子中的陌生人

"天啊，你长得这么大了！"这是青少年很愿意听到的话。身体成长和年纪增长是自豪感的来源，它们使青少年感到自己可以做更多事以及获得更多成就。但是，对很多青少年来说，身体成长和年纪增长还伴随着失去自己熟悉的和认为理所当然"就是这样"的儿童式的身体。

青少年的身体成长是迅速的。我第一次见凯拉时，她是个身体轻盈、对体操和动物充满热情的11岁女孩，她还给我展示了新练习的空翻两周动作。"你想看看吗？"她真挚地问道，"如果你想看，我就做给你看。"做完一套动作后，她的脸上洋溢着胜利的喜悦。

当我在两年半之后再次见到她时，她的面容和热情的笑容让我立刻认出了她。让我惊讶的不是她本身有多大的改变（我预料到她的身高会增长，胸部和大腿会变得丰满），而是她与自己的身体之间的关系发生了改变。她坐在沙发上时，双腿交叉，肩膀前倾。她穿着一件大码毛衣，身体向前弯曲，把衣服的下摆拉到了膝盖上。在走路时，她会短暂地注视我，随后又扭头看向别处。当我问她关于体操的问题时，她咬住下唇，在毛衣袖子上磨蹭起手指。"我不知道。那不是……"

我等待着，她最终继续说了下去。"我还在练体操，每天都练。我还是做得很好。好吧，练习的时候还是很好。那些比赛——我曾经喜欢参加，你知道吧？"

我点头示意她我知道，我也记得她那时候有多兴奋。她那时候是个骄傲的有天赋的表演者。

"我现在真的、真的不喜欢比赛了。那些人都看着我。教练说：'他们是你的朋友，他们在为你欢呼。'但是他们都在盯着我看，他们不是我的朋友，他们是最差劲的'裁判'——我的家长也是。我能感觉到，如果我失误了，他们马上就会觉得很尴尬。而且他们很紧张，因为他们觉得我会失误。所有人都是这样，他们都看着我。那感觉简直是在苦修。"

"苦修"这个词令人心惊。它源自拉丁语中的"mortis"，而这个词语的意思是"死亡"。苦修表示人希望自己消失，希望通过装死来避免丢脸。

"这也太极端了。"我想。不过我只花了不到两秒钟就改变了

## 第一章 步入青春期：孩子为什么判若两人

自己最初的想法。尴尬是青少年的情绪库中最为强大的一种。脑成像研究显示，青少年的自我凝视①引起的恐惧比生理上的危险引起的恐惧还要严重。当青少年感知到他人在看着自己，而且他们的目光可能是带着批判性的，那么这种感知可能对于他们就是一种折磨。就在我马上要用轻视凯拉挣扎的话语（"每个人都会觉得站在一群人面前是很困难的。我们都要习惯这种事。"）评价她的感受时，她的话与其他青少年曾对我说的话产生了共鸣。

"我走进房间，觉得人们的目光好像要在我身上挖出个洞来。"13岁的利巴说。她告诉我："我的胸部一夜之间长大了。前一天我的穿着还没问题，与别人甚至与我的朋友们都没什么不同；而第二天，我就得把所有上衣都翻一遍才能找到合适的。那些上衣大多数我都穿不了了，它们都太紧或者太过暴露。我不知道自己看起来应该是什么样子。"当她看向镜子时，她的形象变成了一个谜题。别人是怎么看她的？她该怎么穿、怎么走、怎么坐才能应付那些窥探的目光？"倒不是说每个人都很无礼或是怎么样。我好像能感觉到他们也并不想盯着我看。他们好像试着看向别处。我觉得很对不住他们，可我自己也感觉很难受。"

青少年能敏锐地观察到他人的反应。利巴就察觉到了，其他

---

① Self-consciousness。在心理学中，自我凝视指个体从客观的角度审视自己的行为、表现、外貌等。自我凝视可以是中性的，如习惯性地关注自己的想法、感受。自我凝视也可能是消极的，如过度关注自己的外表、容貌在他人看来如何。（本书脚注均为译者注。）

人（家长、老师和朋友）因为她的快速发育而大吃一惊。她内化了一种观察者的视角，而这个观察者将她自己看作一个陌生人。她还注意到了他人的不安，并且开始思考"现在我是谁"这个问题。

对15岁的乔纳斯来说，令他自我凝视的是他的声音——他的声音听起来怎么样，以及他认为自己的声音在其他人听来怎么样。他告诉我："以前跟别人说话对我来说很容易。现在只要是跟超过两个人说话，即使他们都是我的朋友或者我很了解的人，我都会觉得自己的声音听起来很可笑。你懂吗？就是不对劲。我脑子里一出现很好的想法，我就会开始说话——好像我每次都会忘记这些想法听起来有多么没用。我一开始说话，就会意识到这一点。我就得停下来。就是，我说完一句话后就能听到一个可怕的尖细的声音，好像我自己的声音突然开始嘲笑我。"他深色的皮肤发红，双手颤抖着打手势，好像在描绘他说的话。他看着我，脸颊上的红晕更明显了。很明显他感到不舒服，但是他勇敢地说了下去。我知道，在他解释自己有多怀念童年那种无自我凝视的专注时，他也在对抗残忍的内在目光。而现在，他说他会因为"所有人都在看自己"而感到自己暴露在他人面前。

由于出现了"其他人怎么看我"这个紧迫问题，以及认为"别人总是看着我并评判我"的想法，青少年会发展出一个"镜中我"（looking-glass self）。这个想象中的观众以一种令人困惑的从容态度在欢呼和喝倒彩之间转换。Snapchat、Instagram、

## 第一章　步入青春期：孩子为什么判若两人

TikTok，以及在青少年中流行度正在下降的 Facebook 之类的社交平台为青少年提供了额外的素材，让他们更多地关注他人如何看待自己。青少年总是"外露"的，他们展示着一个又一个版本的自己，在有人"点赞"的时候兴高采烈，在被嘲笑或忽视的时候又羞愤难当。

和青少年关系最亲近的成人可能会认为青少年日常的自我凝视就像是做"裸体梦"。比如，梦中的我们在工作、履行公共职责或会见重要人物时，突然意识到自己赤身裸体；我们尝试逃离并穿上衣服，但四肢却动不了，而任何想要把自己藏起来的行为都会使情况更加糟糕——直到我们从梦中惊醒，并意识到"这只是个梦"。这就是青少年日常的感受——完全暴露于人前却没做好被人看到的准备。但是对青少年来说，这不是梦，而是现实生活。

青少年在声音、体型、感受和思维方面的快速改变令他们兴奋，也令他们困惑和不稳定。小说家比心理学家更擅长描述青少年的这种感受。卡森·麦卡勒斯在《婚礼的成员》(*The Member of the Wedding*) 中通过弗朗姬的视角极好地描述了青少年的不安。像很多青少年一样，弗朗姬站在镜子面前端详自己的新身体。"过去一年她长高了十厘米……除非她能停下来，否则她可能会长到两米多高……她会变成一个怪胎。"毕竟，弗朗姬不知道她这种突飞猛进式的生长只是一种发育趋势，她只知道自己无法控制这种生长，而且不清楚未来的自己是怎样的。这种认知导致了她口中的"恐惧的夏天"——她青春期开始的那个夏天。

青少年对身体的改变感到既骄傲又羞耻,他们对新获得的理解能力也感到既激动又困惑。青少年从熟悉的儿童躯体中挣脱出来,他们的任务是创造一个新的自我形象。青少年的家人和朋友、他们读到或看到的事物、他们在学校接受的教育、他们的偶像,以及他们自己逐渐浮现的渴望和兴趣,都会对这个形象加以塑造。但是在这个过程中,青少年会根据他人对他们的看法反复检查内在自我的发展。

## 男孩、女孩与跨性别者的自我凝视

在身体发生翻天覆地变化的过程中,我们会看到青春期的男孩与女孩在变化方向上出现了显著差异。青春期男孩的身体发育所带来的社交影响远比青春期女孩受到的影响积极。虽然性别规范(gender norm)在过去十几年间变得更加宽松和灵活,而且许多家长说他们对待儿子和女儿"都是一样的",但是,男孩身体的发育成熟更容易传达出"我很好"或"你不用限制我"的信号。女孩的身体发育会导致她们受到新的限制,而男孩的身体发育则意味着他们拥有更强的能力,进而给他们带来更多自由。

利巴最初的自我凝视就是在这种背景下产生的。为什么家人突然让她在下楼吃早餐前穿好衣服?她要如何应对妈妈提出的不要再坐在爷爷腿上抱他的警告?爸爸那些时而友善时而坏心眼的

## 第一章　步入青春期：孩子为什么判若两人

身体"攻击"总是给她带来欢笑，她和弟弟在儿童期也一直很享受，但是为什么爸爸开始拒绝这样做了？当她离开浴室时，爸爸小心躲闪的目光意味着什么？她该怎么理解？还有，为什么妈妈对她外出时的得体行为和着装方式提出了新的要求？

　　青春期出现的性别差异并不是天生或固有的。它们从某种文化背景中产生，充斥着女性应该是什么样、不该是什么样，以及男性应该是什么样、不该是什么样的观念。在儿童期，孩子的表现通常被允许有一些灵活性。女孩可以大大咧咧，男孩也可以搂搂抱抱；女孩可以组装模型车，男孩也可以玩娃娃并打扮自己。但男孩在儿童期会更早地失去这种自由。一些家长在听到有人对自己的女儿说"女孩就应该打扮得漂漂亮亮"或"你不用太聪明"的时候会感到震惊，但即使是这些（传统性别观念较弱的）家长，现在也还是会对他们的儿子说"有点儿男子汉气概"和"别当娘娘腔"这种话。虽然现在很多家长在看到女孩玩过去被认为是男孩玩的东西，或用过去被认为"像个假小子"的方式打扮自己时并不会感到不适，但他们仍然难以接受男孩穿"女式"的服装或用橡皮筋把头发扎起来。家长们常常对我说，他们并不是不能接受儿子的这类行为，但是他们想保护儿子免受他人可能会对他施加的嘲弄。

　　无论是对于男孩还是女孩，这种灵活性在青春期早期都会消失得无影无踪。朋友、老师、电视剧以及社交媒体都在大谈"身为女性的意义"。理想中的美貌和身材扭曲了女孩的自尊，这不仅是因为她们认为自己达不到那种理想，还因为她们的外表和能否取悦他人变得更重要了。利巴发育中的身体使她与祖父、父亲以及弟弟的关系发生了改变。她的母亲也对她的着装、发型和妆容会向别人发出什么信号给出了新的指导。以爱的名义，利巴周围的人们引导她进入了他们所认为的一位身体成熟的女性所要面对的真实世界。通过这种行为，他们让利巴成了一个让她自己和他人都觉得陌生的人。

与朋友和兄弟姐妹在身体发育时机上的差异也会影响青少年自我凝视的强烈程度。利巴的身体发育得早而且迅速，出乎她家长的预料。利巴的姐姐杰西卡15岁，个子比利巴更高，但仍然有着儿童式的细瘦大腿和平坦胸部。作为家里年纪最大的孩子，杰西卡的发育塑造了她的家长对孩子身体发育的预期，而小女儿的身体和性发育则让这对父母警觉起来。

男孩这边，乔纳斯的不适来自他仍然声调很高的娃娃音。他身边的男孩，特别是他刚进入的新高中里的男孩，说话的声音都比他低沉。这些男孩的言谈举止更加自如，他们因为自己达到了"男子汉"的标准而感到自信。那些在儿童期时不时冒出来的男性标准现在像钳子一样禁锢住了乔纳斯。乔纳斯对所谓"男人准则"（guy code）[①]的感知会被一个词、一句评判或一个轻蔑的眼神激活。这些信号即使针对的不是他而是与他类似的男孩，也会

---

① 指男性社交圈子里大家心照不宣地遵守的一些行为规范，比如帮兄弟打掩护。

## 第一章 步入青春期：孩子为什么判若两人

使乔纳斯受到暗示，让他觉得自己面临着没能满足男性标准的社交危机。

青春期也会使男孩的人际关系发生改变。虽然在这个阶段，一个儿子能从亲近母亲的过程中获益，但被叫作"妈宝"会令他感觉羞耻。在这个阶段，男孩们也能从直接而开放的亲密友谊中极大获益，但男孩之间的亲近会开始受到"性别警察"[①]的审查。在试着表达对亲密好友的依赖时，青春期的男孩说话会被打断并受到讥讽："你说话听起来像同性恋。"根据"男人准则"，需要别人意味着软弱，或者意味着对他人有"超越兄弟情"的喜爱。

而对那些觉得自己不在"对的身体"里，并且认为自己日益明显的性别特征（无论是男性的还是女性的）与真正的自己不一致的青少年来说，身体的发育是对自己的一种背叛，是在强迫他们承受一种陌生的性别。14岁的马特解释道："当小孩真好。那时候我觉得自己其实是一个女孩也没什么。那就像是我的一个特殊的秘密。现在所有人都在谈论我变得多么英俊，对我说那些男性才说的话。他们是在对我说话，但是我想说，'这具身体是错的，它不是我，你们看见的是一个陌生人'。但是他们把我当作这个陌生人来对待。所有人都是这样，包括我妈妈。她会开我的玩笑。她觉得我尴尬的样子很可爱。但是我被困在了这具陌生的身体里。"

---

① 指基于性别二元论对他人行为、外表、言谈进行审视，并要求他人表现得"像男人"或"像女人"的做法。

家长在面对青少年的自我凝视时经常感到无助,但却低估自己缓解或加剧青少年内心混乱的能力。这种情况出现的一部分原因是家长不知道这种混乱的根源。

## 青少年混乱的自我

在所有已知的文化中、在所有有历史记录的年代里,人们出生后都会收获关爱。从出生开始,我们就与那些关心我们的人亲密互动,而这些人通常是我们的家长。家长和婴儿会通过互相凝视联结在一起,即望向对方。这种早期的、长时间的眼神交流对家长和婴儿都很重要,因而不是偶然发生的。脑干反射确保婴儿会将脸转向抱着他的人,接着会跟随这个人的声音。

我在当初级研究助理的时候对婴儿与家长之间这种联结的出现产生了兴趣,当时我被安排去新生儿监护室记录母亲与婴儿的互动。我花了数小时观察婴儿的四肢如何扑腾、手如何做出蜘蛛般的动作,以及头和嘴的动作如何吸引母亲的目光,并触发母亲手臂收紧的反应。即使母亲在与朋友聊天或者看电视时,她也会用声音和注视对婴儿微小的动作做出反应。某种私密的、几乎听不到的交流在持续地进行。

三个月后,这项研究进入第二阶段,我上门拜访了一对母子。我开始发现前面讲的这种交流有清晰的目的。婴儿对家长的好奇与家长对婴儿的好奇程度相当。家长和孩子都沉浸于这

## 第一章 步入青春期：孩子为什么判若两人

种"逐渐了解你"的过程中，轮流进行精巧的信息交换。如果家长的视线游移到别处，婴儿会用哼声或更专注的凝视吸引家长的注意，且时常伴随着轻微的踢动或者身体僵硬。通常，家长随后就会用略微夸张地模仿婴儿的声音或表情的方式对这种邀请做出回应。

一个婴儿如果不能从家长那里获得这种带有积极反应的注意，他就会感到绝望、不堪重负。无反应的家长脸上挂着平静的或"僵硬"的表情，会使婴儿坠入绝望。在短短两分钟内，我们就能听到婴儿发出代表惊恐的本能哀号，好像受到了遗弃或者面临危险，即使家长就在附近，并且他仍然是安全的。

通过与成年人进行有反应的互动，婴儿了解到有人对自己感兴趣、理解自己、能够满足自己的需要，以及关心自己的感受。当家长表现得对孩子漠不关心、没有兴趣以及不与孩子互动时，婴儿就会感觉失去了精神支柱，好像失去了自我。而当家长表现出对孩子有兴趣且乐于互动，婴儿或儿童就能享受到身为心理学家和精神分析学家的彼得·福纳吉所谓的"认知匹配"（epistemic match）——一种令人满意的"匹配"，代表感觉到被理解、联结和接受。

人际关系的"匹配"——感觉到有人努力地想要了解你，而且是想要了解真实的你——永远不会是完美的。在婴儿期和儿童期，随着家长和孩子在不断互动中协商各自的需要和要求，"匹配"的过程会出现很多失误。然而，在青少年时期，"匹配"失误的次数会大大增加。青少年会开始对自己在童年期很喜欢的互动感到不耐烦。家长惯常的鼓励性和安慰性的动作和话语会被青少年认为是"差劲的""没用的""愚蠢的",并且青少年会对其表示拒绝。曾经被认为是理所当然的"认知匹配"(认为他人总是好的,而且每个人都深切关心并渴望理解他人的需要)开始减退,并且经常被害怕和焦虑取代。

是什么削弱了他们在婴儿期和儿童期如此煞费苦心地打下的基础?最重要的是家长不能理解青少年新的内在世界,无法了解其中的情绪剧变、自我凝视和自我怀疑。青少年会建设和描绘新的身份认同,而在这个过程中,他们的想法和感受似乎比以往更加模糊了。然而,本该对孩子表现出好奇的家长却轻率地给(青春期的)孩子贴上了标签。"你是青少年,所以你是糊涂的/不成熟的/受激素影响的/叛逆的。"但是,这些说法都不是完全正确的。它们都不符合青少年对自己内心生活的感受。青少年仍然深深地依恋家长,仍然需要家长"读懂"自己的内心世界,会因为家长将自己看成"陌生人"而沮丧。当家长说"一个陌生人替代了我的孩子"时,青少年如果没有得到家长的理解和支持,他们就会觉得自己变得陌生了。

感觉到自我变得陌生的不只是青少年。当我们犯了错误时,会有一个带着惩罚性的内在声音讥讽道"你怎么这么愚蠢"或者"你总是把事情搞砸",于是一个陌生的自我(被认为应该受到攻击和惩罚的自我)就会站到台前。作为成人,我们可能随后就会切换回熟悉的自我。这个自我有时会犯错误，但基本上都能尽力做到最好。然而，青少年会持续沉浸在负面的想法里，每一次社交失误、每一丝尴尬的征兆都会被放大。因为青少年会自我批评，也会自我凝视，他们会通过自己那些害怕被别人看到的错误来审视自己。当家长表现出恼怒的情绪并抱怨"我理解不了你"的时候，青少年会并不明智地强化陌生的自我。青少年会沉思："如果我的家长都无法理解我了，那我怎么才能当一个好孩子，怎么才能值得被他们关心呢？"

## 代　沟

许多家长坚信现在的青少年比以前的青少年更加陌生，因为他们成长在一个陌生的世界，受到各种国际因素和新科技的影响。然而，关于代沟的看法其实贯穿了人类历史。在公元前4世纪，哲学家亚里士多德曾抱怨说，年轻人"觉得自己知道一切"，却又缺乏他们的家长所拥有的真正智慧。如今的青少年与公元前4世纪的青少年一样，也认为自己知道得更多，觉得自己会因为家长那代人的贪婪和粗心而面临危险。如今的家长也与公元前4世纪的家长很像，他们觉得青少年的智慧因为经验不足而被削弱。区别在于，如今的青少年的确会接触到能够让历史上一直存在的代沟扩大的新科技。

一个只有青少年自己熟悉的关系网就存在于众目睽睽之下，

但是，对于家长来说，它似乎是无法理解的。青少年会"关注"名人和"网红"并与他们互动，而家长却对这些人一无所知。家长坚信，这比他们总抱怨的"现在的青少年就是这样"更为棘手。在20世纪50年代，人们担忧电视对于年轻人是一种危险，怕它会伤害年轻人的眼睛、注意广度，以及大脑。当我提出现在家长的恐惧不过是上述担忧的升级版本时，他们告诉我："不，这不一样。"

如今，青少年使用的屏幕的确与20世纪50年代的电视屏幕不同了。青少年的手机经常破烂、磨损，脏得像是婴儿的玩具熊。就像孩子最喜欢的玩具一样，手机总是出现在青少年身边，不分昼夜。我会问青少年："对你来说，如果你的手机丢了，或者被拿走了，那会怎么样？""我靠它活着。那就像失去了一切。"15岁的阿尔琼这样告诉我。而18岁的凯拉告诉另一位研究者，她失去自己的电子设备就像"失去了孩子"。

青少年使用社交媒体的方式多种多样，本书的许多篇章都会对其进行讨论，包括关于友谊、孤立、焦虑、自伤和自我形象的章节。不过，我在此要首先讨论，家长和孩子对于社交媒体和电子设备的紧张态度清晰地展示出，家长对于代沟的焦虑（现在的孩子与以前的孩子大不相同）会怎样导致亲子关系出现裂缝。

青少年相信家长对于智能手机及其危险性的态度是"歇斯底里"的、"愚蠢"的或"无知"的。"我妈妈只要在新闻里听到什么'天啊，网上有黄片！'她就会马上说'你得小心点儿！'或

## 第一章　步入青春期：孩子为什么判若两人

者'让我看看你在看什么？给我看看！'这让我非常生气。我可能只是在看笑话之类的东西，或者别人发的帖子，她没准儿都看不懂。"

塞马盯着儿子阿尔琼的手机屏幕。她虽然因为上面不是黄片而松了一口气，但也搞不懂屏幕上的东西到底是什么，怎么这么能吸引儿子的注意力。"这么小的东西有那么有趣吗？"她问道。她还有一个跟其他家长相同的担忧："我怎么能知道孩子'安全稳妥'地坐在家里时有没有被性侵者盯上、受到网暴、被引诱去看黄片或者参与赌博呢？"除了这些尖锐的担忧，家长们还有一些更为常见的忧虑："她已经浪费了多少时间？""他是不是该多去锻炼？"

家长报告说，他们在对孩子严厉并确保自己对孩子的网络使用具有控制权时，也会给处于青春期的孩子更多自由。但青少年却不这么看。青少年会抱怨家长傲慢的白眼、居高临下的专断态度（"他们总是说'你要按我说的做，不然我就把你的手机拿走'，或者'把那东西关掉！你关了吗？让我看看关了没有'。"），以及他们"总是担心微不足道的事"。

家长每天都要应对涉及青少年使用手机的微小决定。他们希望监控孩子使用手机的时间及看到的内容，但是也希望"表现出我基本上是信任他的"。有些青少年想要先发制人，他们认为："说谎更方便。我就说我在（跟我的一个我妈妈认识的朋友）聊天，而不向她解释我实际上在做什么。或者说我在查一些学校要用的东西，但我其实只是在刷美妆网站。"有些青少年会等到家长的注意力转移到别处："我只是点点头，说'嗯，我挺小心的，没关系'，最后他们会被别的东西吸引。"

青少年的另一个非常成功的策略是扮演教师的角色。16岁的路易斯给父母展示了他在做什么——他如何找到有趣的新闻、如何通过发表评论与名人进行联系。他还帮助父母处理在使用手机时遇到的技术方面的问题。这种策略平息了他父母的焦虑，让父母给予他更多自由，并且为建立新的亲密关系提供了机会。就像我们将一次又一次看到的，当家长转而从孩子那里学习时，他们就更可能避免冲突并培养亲密感。

## 青少年和家长的常态危机

接下来，我要解释青少年世界的一些标志——不断变化的身体使他人做出"莫名其妙"的行为；思维开始对他人的观点敏感；令人激动的新鲜情绪浮现，并且出现不可预测的波动和逆转。家长们不能理解数字世界会带来何种影响，这让他们感到焦虑，而这种焦虑加剧了上述标志的影响。

青春期被称作一个"常态危机"的时期一点儿都不令人惊讶。也就是说，这个时期意味着尖锐的冲突、改变、不确定性，甚至是危险，但它同样也是发展过程中正常的必经阶段。你可能

## 第一章　步入青春期：孩子为什么判若两人

感觉这一时期是极端的甚至是异常的，但实际上它是健康的。

在危机中，我们感到生活中一些很基础的事情不再像往常那样容易掌控。对于青少年来说，看起来无法掌控的事情可能是他们自己的感受，或者与家长或朋友的关系。也许连他们自己的身份（他们对于自己是谁的看法）都不再清晰和一致了。当我们爱的人经历危机时，我们自己也同样会经历危机。因为我们不再知道如何回应他、支持他或与他沟通。比如，家长过去应对孩子问题的方法有简单表扬以提供鼓励、捏一捏手臂以提供安全感，或者用疾言厉色喝止不当行为，而现在它们不再有效了。当家长发现他们通常用来对付孩子的手段没能产生效果时，他们就会问"我该怎么办"以及"作为家长，我应该扮演什么角色"。他们同样因为失去了生活中的一个基础要素而感觉受到威胁。家长和青少年都失去了他们日常生活中原本那种爱的节律。亲子关系本身也变得陌生了。

人们在自身无法处理问题时，通常会责怪他人。我们会说（或想）："你真是不可理喻！"而这种恼怒代表着青少年是"无法理解"或"不讲道理"的。家长和青少年进入对立的阵营，一方是理智的，而另一方是蛮不讲理的。这一分歧会威胁到双方之间的情感联结。

为了保护这一极其重要的关系，并在处于青春期的孩子需要时为他们提供帮助，我们需要想办法把那些"不可理喻"的事情变为"可理喻"的。这个过程的第一步——发现我们自己在孩子的困境中能够发挥的作用是最难的。我们对孩子的想法和感受表现出好奇了吗？我们是用积极的方式表现出这种好奇的吗？我们是否因此能够倾听并了解孩子的问题，并努力进行理解？

我们在确认亲子关系中有哪些部分需要修复的同时，了解哪些部分仍然在良好地运转同样重要。受到那些已经存在于脑海中的关于青春期的理论的影响，家长通常会认为那些仍然良好运转的部分受到了损坏，同时又试图让那些真正损坏了或改变了的部分继续按照原本的方式运转。

比如，一些家长认为他们与孩子之间的爱意和亲密在孩子青春期时会不可避免地消失。他们认为在孩子尝试与他们"分离"时，自己应该"放手"。这种关于青少年需求的错误观点由安娜·弗洛伊德建立。虽然她在儿童发展领域有着杰出的成果，但她认为青春期是孩子与家长之间的另一种形式的"离婚"。这一扭曲理论产生了广泛影响，而最新的研究显示，青少年仍然爱着并且需要家长，而且在整个青春期都会从与家长的亲密关系中受益。

不幸的是，许多家长认为"难搞"的青春期孩子需要更少的理解和更多的控制。林恩说："我必须大吼大叫，不然他就不会听我的话。"但事实上，在青少年的耳朵里，家长的声音会被放大。所有话语都有着巨大而持久的回声。当家长认为孩子"觉得自己什么都懂"时，孩子实际上正因为自己的感受和想法不断转变而困惑；当家长因认为孩子"毫无条理""东西堆得到处都是"或"一团糟还毫不在意"而感到绝望时，孩子实际上知道自己的思维忙碌而凌乱,这感觉让他们既畏惧又着迷。而且,青少年很少知道如何表达他们矛盾的感受和仍然存在的爱意,尤其是对家长。

青少年的家长因此需要重新唤醒自己在孩子年幼时的那种好奇心,问问孩子"你是谁"以及"你想要什么"。就我所知,孩子会发出"这是我的感受"和"这是我想从你那里得到的东西"的信号,而家长要表现出上述好奇心,就需要对孩子给出的信号做出反应。后续章节将为如何发展和使用这种好奇心提供指导。

## 总结与练习

青少年想要理解自己并且塑造未来的自己,但在这一过程中,他们希望家长能陪在自己身边,为自己加油打气,并在前进的旅途中拉自己一把。但是,在与家长的交往中,青少年不想看到自己体内那个饱受折磨的陌生人的倒影。

市面上没有关于养育青少年的官方"路线图"或指导书。我所能提供的最好的帮助是列出一系列练习,提供可以尝试的办法,给出关于目标的提示。正如青少年和家长这种革命性的相处模式所表明的,需要改变的与其说是青少年,不如说是青少年和家长的关系。这一关系只有在家长对于孩子不断变化的人格展现出真正的好奇时才能健康发展。家长需要与孩子的内在世界保持调谐,就像他们在模仿婴儿的动作、声音和表情时做的那样。

因为青少年在迅速地改变,所以家长的反应和"模仿"也必须改变。家长需要接受新的信息，不仅是孩子主动提供的信息，还包括孩子（潜在地）表达出的信息。如果不这样做，家长就会失去与孩子在自我理解和成长方面进行协作的机会。本书通篇都为帮助家长成为孩子发展的伙伴提供实践指导。下面是一些开始阶段的指导。

**1. 找机会让孩子自己做主，让他们做"老师"。**

花时间与孩子一起做些他们喜欢的事情，不要总是告诉他们"这是什么""那是什么"，或者给他们上课。让孩子给你介绍事物，让他们给你推荐书籍、电视节目，或者告诉你在社交平台可以关注哪些人。

**2. 向孩子提出问题以获得清晰的了解。**

即使你认为自己了解正处于青春期的孩子，向孩子发问以确认他们的意思也是有用的。这样做有时候是一种挑战，尤其是在你的孩子看起来不愿意理你的时候。当问出"你今天过得怎么样？"但没有收到令你满意的回答时，不要放弃。问些更具体的问题，比如"你今天去见你的朋友了吗？""他过得怎么样？""你的新靴子舒服吗？"或者"回家路上碰到什么事了吗？"小的、明确的话题可以当作讨论更宏观或重大的问题的起点。鼓励孩子进行反复交流。通过展示你的关注和好奇，你将成为青春期孩子进行自我反思的合作者。

3. 多为了理解孩子而对话，少给孩子下达指示（少进行关于孩子应该做什么、如何做的对话）。

4. 你的孩子虽然进入了青春期，但他仍然对你的反应十分敏感，并且能够快速带动你的情绪。

当孩子说了一些极端的话（"所有人都认为我很丑/古怪/是个失败者。"）时，你可能会因此感到不安，但请试着不要把自己的焦虑表现出来，避免这种焦虑放大孩子的恐惧。相反，你要尽可能保持冷静，并展现出对孩子感受的好奇。向他们提出问题，或者询问关于此事的更多细节。把你的任务看成探索孩子愿意打开的心灵之窗。你的孩子很愿意将你这种具有耐心的好奇当作尊重的表现，而尊重正是他们渴望的。

5. 当你与孩子交流时，请时刻留意孩子的镜中我，留意它如何放大和扭曲他人的看法。

一些问题能够帮助孩子缓解他们的社交焦虑，比如"你确定人们这样想吗？""为什么？""他们还可能怎么想？""如果有人这样想，事情会糟糕到什么程度？""所有人都有同样的想法吗？"

家长不会总能妥善处理这样的问题。家长很忙，有自己的事务要处理，有时还会被自己的问题压得喘不过气来。但是孩子并不需要家长把所有事情都妥善处理好。孩子只需要家长知道将事情处理好意味着什么，并为此付出努力。

  作为心理学家、母亲、外祖母以及曾经的青少年，我想要建立弥合青少年与家长之间鸿沟的桥梁。家长因孩子混乱的发展过程而惊恐，孩子也因家长似乎不能也不愿了解自己而困惑。我要搭建的桥梁将消弭他们对彼此的不解。

第二章

# 青春期大脑重塑：
# 孩子到底在想什么

"我觉得我的脑袋要爆炸了。"

青少年行为的改变及其导致的挑战通常被归因于"激素狂飙"。青少年承受着引发青春期的新激素的洗礼,并展现出性成熟的外在表现——体毛增多、体重和体脂增加,以及男孩变声与女孩胸部发育。但青春期远不止是生理发育的时期,它还是心理成长和社交发展的独特时期。青少年的大脑在这个时期会经历剧烈重塑。这一发展窗口为青少年个体提供了获取和吸收成年后所需的技能和知识的机会,但同时这一手忙脚乱的过程也带来了风险。家长可以通过探知青少年大脑的秘密来引导孩子发展并提供保护。

## 旺盛的大脑发育

从出生到 3 岁的时期有时被称为心智发育旺盛的时期。新的世界对于婴儿来说总是充满挑战的。他们的所有经历都刺激着大脑,给他们提供塑造或验证关于世界如何运转的新想法的机会。

## 第二章 青春期大脑重塑：孩子到底在想什么

每一秒，大脑中都会出现数以千计的新的神经连接。但是，另一个大脑发育旺盛的时期——青春期——则远远没有这样广泛地为人所认识。

直到最近，青春期还都被认为与（生理上的）青春发育期是相对的概念，即被认为不是真正的发育阶段。与婴儿期和儿童期不同，青春期被认为是现代社会塑造出来的"人造阶段"。总之，大多数青少年在青春期中期就会达到成人的身高标准，并远在青春期结束之前就已经性成熟（具有生育能力）。青少年的大脑也在10岁左右就会达到成人大脑的尺寸；并且在处理抽象想法和推理方面，许多青少年同成人一样敏锐。

因此，从客观和生理学的角度，我们有理由得出这样的结论：青少年已经长大了，只是社会因素推迟了他们进入成年期的时间。不过，在过去20年中，科学家获得了他们梦寐以求的研究活人大脑的手段，而他们的发现给人们对青春期的理解带来了冲击。

在先进的脑成像技术发展出来之前，科学家一直都忽略了第二个大脑发育旺盛的时期。因为在青春期，人脑的尺寸其实每年都会缩小1.5%。但大脑质量只是评估大脑成长的粗略指标。事实上，大脑质量的减少意味着大脑的精炼，而这一过程伴随着另一种发育——脑（神经）网络的发育。

大脑由两种物质组成——灰质和白质。大脑神经元胞体及其树突组成了灰质。这些细胞在儿童期晚期快速生长，在青春期形成密集而纠缠的组织。从执行控制中枢（管理大脑中"预测"的部分）到奖赏中枢（寻求快乐和刺激的部分），来自这些区域的信息有时会经由效率不高的通路传递。包含着"这风险太高了""你太兴奋了，冷静点儿""有点儿耐心"的信息通过脆弱的神经纤维曲折前进，而这些神经纤维直到24岁时才会达到成年人具有的神经纤维的强壮程度。

我们现在可以理解莎士比亚的《冬天的故事》中牧羊人的哀叹了，他说："我希望人生中没有10～23岁这么一段时期，或者就让青年把这段日子睡过去。因为在这期间，除了纵欲生子、侮辱师长、偷窃打斗，就没别的事可做了。"在这里，莎士比亚超越其所处时代点出了青春期长久的时间跨度——从儿童期晚期到成年期早期，比人们通常认为的青春期时间更长。

但莎士比亚笔下的牧羊人在发愿世间没有10～23岁时有所不知的是，青少年的大脑在这期间会展现出巨大的潜能，而且起着关键的作用。密集的灰质中可能"绘制"出无数神经通路，而这种"绘制"正是青少年在日常生活里每时每刻的互动中进行的事情——发现并标记那些最终会变得强壮和精简的通路。

精简的过程被称作突触修剪（synaptic pruning）。没有作用的（或没有被使用的）大脑回路被修剪掉，得到使用的回路则变得更加强壮。青少年大脑灰质的（质量）减少造就了更高效的大脑。随着灰质的（质量）减少，大脑白质，或者说髓磷脂的质量便增加了。髓磷脂是包裹在大脑神经元轴突（像枝干般突出的部

## 第二章 青春期大脑重塑：孩子到底在想什么

分）外侧的白色脂肪样物质，就像电线外圈的塑料层一样保护着神经元。这种白色脂肪"外衣"越多，大脑神经元就会越高效。在被髓磷脂覆盖的大脑回路中脉冲的传输比在未被髓磷脂覆盖的大脑回路中快 100 倍。

每当我们激活某一特定的大脑回路，我们就会为其提供更多的髓磷脂，它的连接也就得到强化。我们学某一样东西越多，就越能记住它。我们练一首钢琴曲越勤，就越能轻松回忆起它。这就是俗话"熟能生巧"背后的科学道理。即使我们不知道脱髓鞘的科学原理，在日常生活中我们也能感受到它的效果。

大脑回路的修剪、塑造和强化是由青少年自己通过一次次实践、感受和思考来完成的。他们自己的需要、兴趣、经验和热情监督着新连接形成的过程。就是这样，每个青少年的大脑都是为他们自己（也是由他们自己）定制和重塑的。

这就是为什么青少年可以快速学习事物；这就是为什么青少年时期的记忆会特别生动且能够持续一生；这就是为什么我们在青春期听过的音乐、读过的书籍、看过的电影以及建立的友谊在我们成年后仍有萦绕不断的"回声"。这些东西构成了塑造我们大脑的经验。当家长理解了这个过程，他们就能更好地应对与青春期孩子有关的挫败，同时理解青春期这一造成诸多挑战的阶段其实也是惊人的机会之窗。

> 读懂青春期孩子的成长信号

# 冒险的诱惑

然而，对青春期带来的刺激和潜力的理解需要与冒险对青少年的吸引力相平衡。这些冒险对于儿童和成年人来说都是不可接受的。许多家长会给我讲关于他们处于青春期的孩子如何鲁莽的故事，说孩子的冒失行为让他们焦虑、困惑而且非常愤怒。下面这段叙述是一对父女在一种司空见惯的情景中的经历。

15岁的卢安被禁足在家60个小时了。芝加哥的暴雪席卷而来，覆盖了台阶、人行道和路面。车辆寸步难行，医院的急诊室里也满是摔倒在冰面上的伤患。"你不准出家门！"卢安的父亲皮特吼道，"外面太危险了！"卢安做了个鬼脸，狠狠关上了卧室门。

两天后，暴雪平息了。市里的铲雪大军正在清扫街道。被遗弃在雪堆里的车被一辆辆地开出来或者拖走。卢安把电话贴在耳朵上，一边跟朋友玛莎抱怨，一边从卧室窗户向外瞥。"糟透了。这是有史以来最无聊的总统日周末①。我爸爸说我不能出门。"但在十分钟的通话之后，她和朋友有了个计划。

卢安找到了比偷偷溜出门更好的办法。她的爸爸正在居家工作，就坐在餐桌旁，面前胡乱摆放着文件。"外边不下雪了，我

---

① 美国法定节假日，每年2月的第三个星期一。

## 第二章 青春期大脑重塑：孩子到底在想什么

会小心的。我不在外边待太久。我需要出去散散步，再在家里多待一分钟我都受不了。"

皮特不由得哂笑出声。好吧，她可是自己的女儿。她连珠炮一般提出的要求让他这个父亲不忍苛责。"一个小时——"看到女儿僵住的表情，皮特的语气缓和下来，"好吧，一个半小时。把手机带上。把电充满。小心点儿。"

卢安检查了手机的电量。"知道啦，爸爸！"她保证道，接着钻进门外令她欣喜的寒冷空气中。

六个半小时后，卢安坐在沙发上抽泣。她的父亲站在她面前大吼道："你怎么这么愚蠢！你明知道绝对不能在湖边的冰面上走。'小心点儿'这句话你有哪个字听不懂？你有什么毛病？"

皮特此时既愤怒又害怕。不久前，卢安和两个朋友一起爬上了密歇根湖沿岸由冰构成的小山。每年冬天，人们都会被警告要远离冰面，但每年都会有人像卢安和她的朋友们一样，被芝加哥的消防部门救起。

即使气温极低，那些冰堆也是不稳定的。就在卢安的朋友玛莎跑在前头并快乐地尖叫时，冰面突然开裂并散开。玛莎站在一块渐渐漂远的浮冰上，只能摇摇晃晃地保持平衡。一开始，她的小伙伴们喊叫的声音里还带着冒险的快乐，但当看到危险来临时，她们就不知所措了。

有位女士从附近的一幢15层公寓楼上看到了浮冰上的玛莎穿着的亮色外套，还看到她笨拙地跳向卢安。这位女士给消防部门打了电话，但这时玛莎已经掉进了冰冷的湖水中。几个女孩被送进了医院急诊室。玛莎需要住院治疗。卢安则被父亲拽回家，回答接连不断的质问："你怎么这么愚蠢？……'小心点儿'这句话你有哪个字听不懂？你有什么毛病？"

在皮特接连不断地给女儿提出问题时，他实际上也在试着理解。他相信（至少曾经相信）女儿是（或者说曾经是）一个负责任的孩子。她能送弟弟去上学，能按时完成作业。她曾经是个好孩子，有几次在学习上遇到困难，她还会向父亲求助。她怎么突然间变得这么冒失了呢？皮特觉得失望，他觉得自己的信任受到了背叛。"这个少女是谁？"皮特疑惑了，"她变成了什么样的人？"

第二天上午晚些时候，在我与卢安交谈时，这个街区安静得有点儿诡异——它还没有从暴雪中恢复，但人行道已经被打扫干净，通往各家房门的台阶上也只有零星的冰块。然而，卢安被禁足在家了。她因父亲的责骂忧愁不已。"他想让我'讲讲'。他觉得如果我理解了自己的动机，我自然会为自己感到羞愧。他就是不肯放弃这个顽固的念头。他想让我'想想自己做了些什么'。我已经说了上百遍'对不起'了，可他说他不在乎我是不是觉得抱歉。他想让我告诉他，我当时脑子里在想什么。我告诉他，我只是那么做了，那样做很好玩，行了吗？我们都无聊得发疯了。当玛莎开始漂向远处时，我们有点儿担心，但我们也知道她会没事的。"

"现在,"她继续说道,"他不断吵着要我'解释自己的行为'。我倒希望他只是让我禁足,或者拿走我的手机,又或者扣掉我的零花钱,直到足够付清他在我面前挥舞的那些医院账单。他后来抱怨我'拒绝跟他交流'。他从那件事里给我找出了越来越多的罪名。"

在我离开之前,皮特向我恳求:"作为专业人士,你知道她的脑子里发生了什么吗?玛莎差点儿死掉。她们俩都差点儿死掉。我可爱聪明的女儿差点儿死掉。"

我看到他快要哭出来了。我还看出他的女儿是让他抓狂的谜团。但卢安的解释已经很清楚了——"那样做很好玩""我们没想到会发生任何糟糕的事情"。

换句话说,卢安只是像一个青少年那样思考和行事。想要理解她,皮特需要的不是探究她的想法,而是理解她的青少年大脑。

## 青少年大脑中的愉悦与恐惧

青少年大脑与成人大脑的一个重要区别在于二者体验愉悦的方式。在我们感受到愉悦时最为活跃的脑区被称为"奖赏中枢"。通过脑成像扫描技术可以看到,当人感到愉悦或者期待愉悦时,这些区域会发亮。

神经递质是与我们的行为、思维和感觉同步持续释放的化学物质,我们的大脑会通过神经递质发送信息和接收来自其他细胞的信息，从而正常运转。对愉悦的感受或预期会导致叫作多巴胺的神经递质的释放，这种化学物质与美食、性、笑声或运动带来的满足感有关。在青少年的大脑和成人的大脑中，多巴胺都是引起愉悦感的化学物质，但奖赏中枢的结构在这两者中大不相同。

对于39岁的皮特来说，他的大脑很享受因暴雪而居家的这段时间的小小舒适。他可以补补觉、看几集最喜欢的电视剧，而且摆脱通勤的辛苦还让他有了足以维持舒适心境的愉悦感。而对于卢安来说，她的青少年大脑则几乎不会注意到这样微小平常的快乐。她的大脑需要新奇和刺激。

如果没有新奇的刺激物，青少年就可能被无聊感压垮。所以，在皮特享受可以休息、思考和完成非紧急任务的宁静时光时，他处于青春期的女儿却感觉自己快要"发疯了"。她大脑的奖赏中枢的图像已经是死气沉沉的了。

青少年大脑的另一个不同之处在于它的基准（日常的多巴胺水平）比成人大脑的低。一方面，这意味着青少年会更难体会到"这个还可以"的中性感受。另一方面，当新奇和刺激的事物使多巴胺这种"快乐激素"释放时，青少年的兴奋感就会更加强烈；与之相对，在多巴胺大量释放的过程平息后，青少年的失望感也就更加明显。当卢安和她的朋友在湖边的冰堆上行走时，活动和危险带来的兴奋感提高了她的多巴胺水平。大脑"说服"了她：当她感觉自己充满活力时，为什么要去关注那些消极的可能性呢？

## 第二章 青春期大脑重塑：孩子到底在想什么

当青少年与朋友在一起时，冒险和刺激的吸引力就会显著增强。家长通常会认为，孩子的某个朋友会对自己那个平时理性和负责任的孩子产生"坏影响"。可事实上，问题的关键不是朋友，而是在朋友的陪伴下，青少年大脑对风险的敏感性似乎被关闭了，此时的它们会怎样表现。（朋友对青少年大脑的影响将在第四章和第五章中进行详细讨论。）

有一种方法能够帮助我们理解上述情况。回想一下"被他人看到"对于利巴、乔纳斯和凯拉的影响：利巴在（她认为）自己被他人批判性的目光审视时会感受到某种痛苦；乔纳斯在得知自己的声音有些"不对劲"时产生了令他饱受折磨的不适感；凯拉在被不友善的目光观看自己的表演时感觉自己是在"苦修"——就像失去了自己的人生。青少年敏感的镜中我认为他人的看法是最重要的。

当青少年与朋友在一起时，笼罩在他们周围最为重要的危险是自己看起来"不好"或者不能融入团体。在青少年的思维里，与被嘲笑是"懦夫"和"扫兴鬼"或当团体里的"异类"相比，身体受伤、犯罪指控或家长惩罚等其他危险的分量就没那么重了。

朋友的陪伴还会给青少年带来强烈的快感。他们会体验到不可抗拒的兴奋，而这预示着刺激与快乐。当青少年在不结实的冰面上探索、开快车或毁坏财物时，对他们来说，冒险的优先级比安全更高。青少年的大脑渴望新的体验和冒险，而这意味着它们已经准备好接受风险了。

读懂青春期孩子的成长信号

# 青少年大脑中的心智化

在青少年的大脑似乎被奖赏系统控制的同时，它们快速发展的心理能力也具有管理那些冲动的潜力。自我管理与对自我和他人的理解有紧密的联系。

他人的观点能够引起青少年的自我审视，他们会问"别人是怎么想的""他们怎么看我""这个表情、声音、动作意味着什么"。大脑中的内侧前额叶皮质与处理和回应他人的问题有关，而在青春期时，这一区域会重获新生。就像接下来要讲到的，这巩固了对于自我控制至关重要的监管系统。

心智化涉及一种奇妙的想象能力。在这种想象能力的推动下，我们会把他人的行为看得与我们自己的行为同等重要。我们会进入一种人际交往的领域，在这里，他人的想法会对我们自身产生影响，而他人对我们的理解会使痛苦的感觉变得可以忍受。从想法、动机和感受等方面理解人类行为（包括自己的行为）的能力是一种需要较长学习曲线的能力。这条曲线起始于婴儿期，存在于我们与他人的亲密关系中。当我们所爱且信任的人们给我们回应、对我们好奇时，他们就会帮助我们看到自己的内在世界，以及我们的话语和行为对他人有着怎样的意义。

心智化比共情（分享他人的感受）和正念（有时被用来描述对自己精神状态的觉知）更为复杂。心智化与情商（理解他人感受的技能）有着相似性，但心智化并不是将关于他人和我们自己

## 第二章　青春期大脑重塑：孩子到底在想什么

内心生活的一切都认为是"正确"的。心智化的出现先于情商，而且通常涉及最初的误解。事实上，发现自己误解了他人随后修正自己的解读对于了解他人的复杂性是至关重要的。

当青少年反思自己新的、更为复杂的内在世界时，他们也会意识到，他人的内在生活是很难解读的。青少年看到的他人的表情以及听到的他人的话语仅仅揭示了一部分内容。对于青少年来说，"他是怎么看待我的"这个由他们的镜中我提出的迫切问题，会与他们意识到"他人的思想往往很难懂"的新觉知联结在一起。而这种觉知在相当程度上造成了他们的社交焦虑。

当科学家检测与社会加工相关的大脑区域的活动时，他们发现，在任何人际情境中，青少年大脑中的血流量和氧流量都远超儿童或成人的大脑。与活跃的脑力劳动伴随而来的是不稳定的兴奋的信号，比如多汗、心率提高。当青少年关注社会情绪（比如尴尬或更积极的认可）时，他们就无法思考任何其他事情了。他们的镜中我和"想象中的观众"吸收了所有的心理能量。当青少年进行自我凝视时，他们就会去做能够避免被社会谴责的事。就像我们已经看到的，与保护自己的生命相比，青少年更愿意去保护自己的形象。对他人想法的敏感令他们面临风险，但在有家长参与的情况下，风险是可以被降低的。

>>> 读懂青春期孩子的成长信号

# 关系会强化青少年大脑

　　心理学家有时会提到青少年的"三个R"：奖赏系统（reward system）。在青少年大脑中，它对于中等和较大的刺激更为敏感，而对较小的刺激不那么敏感。调节系统（regulatory system）。它管理冲动、渴望和负面情绪。关系系统（relationship system）。它管理信任和感觉与他人亲近的能力。了解关系系统如何与调节系统相连接后，我们就可以开始回答家长的那个疑问了："我如何才能在对青春期持开放态度的同时还能为孩子提供保护？"答案就在亲子间爱的互动中。

　　婴儿大脑连接的第一次旺盛发育是由家长的爱支持的。这种爱的特征是"调谐"，即家长对婴儿感受、观察和需求的具有反应性的关注。这种调谐的功能之一是安抚婴儿，因为婴儿的大脑一开始不具备这种能力，恐慌、痛苦、惊骇等原始情绪会像火山爆发一般喷涌而出，充满他们的全身。从婴儿起伏的胸膛、僵硬或踢动的双腿，以及紧绷的腹部，我们可以看出他们的世界中满是痛苦。他们大脑中尚未发育完全的前额皮质告诉他们"嘘……没关系的"来使这些情绪平静下来。随后家长接过了这个任务，充当了善意的外部大脑调节者。照顾者给婴儿提供从痛苦转变为舒适的体验，这个过程其实也展示了婴儿自己的调节系统最终将执行的工作。

　　没有人一出生就具有调节情绪的能力。我们可以习得这种能

## 第二章 青春期大脑重塑：孩子到底在想什么

力，而我们的老师就是那些在婴儿期关爱和照顾我们的人。当家长安抚、拥抱我们，或对我们轻柔低语时，我们就感受到一种重要的转变——从惊骇到安全的转变。当母亲向我们展示她希望了解我们的感受和需求时，她也向我们展示了人际关系的积极刺激。当我们在婴儿期获得了足够好的体验时，我们的大脑就有了控制情绪闸门的范本。即使儿童的大脑需要经过很多年才能（或多或少）可靠地使用这一范本，我们也可以将它看作自我调节的第一个阶段。

自我调节的第二个阶段出现在青春期。青春期正处于第二个大脑旺盛发育的时期。在这一时期，青少年对自己和他人的想法十分感兴趣。他们的想法和感受变得更加复杂而多变。与更年幼的儿童相似，青少年也需要外界的帮助来控制他们紊乱而狂热的感受。正如我们看到过的，家长会通过表现出好奇、专注和理解来管理婴儿和年幼儿童的感受。许多心理学家将这种被他人关注、理解和爱着的体验描述为被他人"放在心上"。"放在心上"对儿童的重要性被广泛认可，而对青少年的重要性则被广泛忽略。但是如果想让人们学会控制青少年独特的冲动，这一点非常重要。

使青少年感受到有人在尝试了解自己以及从自己的视角看待世界，这能够保护青少年，让他们既不会过度唤醒（产生战斗、逃跑或僵住的冲动）也不会低唤醒（感觉自己正在经历内在的崩溃）。被他人"放在心上"能够引导青少年进入一种更为舒适的状态（这有时被称为"最佳唤醒"），使难以应对的感受变得可控。被"放在心上"使青少年确信自己对某人很重要、自己的感受很重要以及自己并不孤独。

但家长如何才能做到这一点呢？青少年缺少婴儿那种通过具有穿透性的哭声和富有表现力的肢体动作表明自己需求的技巧。青少年的内在世界不像年幼儿童那样容易读懂，而且青少年对于被家长理解的渴望也不是总能有效、积极、清楚地传达出来。青少年想要控制自己的感受，但他们也需要一位共同管理的伙伴来帮助他们应对内心的混乱，从而获得安全感。

当儿童成为青少年后，家长就需要新的理解技巧了。孩子现在会对什么程度的亲密感到舒适？孩子现在有多么了解自己？孩子现在对于自己的目标和渴望有多清楚？有什么能够激起孩子的兴趣？孩子最害怕什么？如何才能给孩子提供保障以及安全的场所？什么让孩子满心欢喜，又是什么让孩子绝望至极？

当家长展示出自己有意愿与青春期孩子的想法进行互动时，他们就促进了孩子大脑的发育。即使在不可避免的冲突中，这种温暖而有参与性的养育方式也会对青少年的大脑发育产生独特的影响，能使杏仁核（原始冲动和情绪的来源）变得不那么容易进入唤醒状态，而对来自控制中枢的信息更加具有反应性。值得注意的是，能够提供理解、鼓励自我反思并在冲突和误解后迅速修复的关系，会使青少年的大脑产生效应，增强青少年的情绪管理能力，使他们的行为更合理。

## 第二章　青春期大脑重塑：孩子到底在想什么

直到最近，大众对于青少年大脑的无知都在阻碍家长应对这些挑战。人们很难理解"莫名其妙"的东西，因此青少年的行为被以各种无益的方式进行解释，进而导致了大众对其不恰当的理解，这令人感到悲哀。人们认为青少年被狂飙的激素、自我中心主义、短浅的目光、鲁莽轻率以及考虑不周驱动——用这种眼光看待青少年，是在对他们进行"定义"和"抱怨"，而不是真正关注、探究和理解他们。家长在透过青少年的眼睛看到他们的内心时，能够传达出一种使孩子的大脑得到强化的爱意。而当青少年被以前面的错误方式看待时，他们便被剥夺了这种爱意。

## 青少年的生物钟

在我第一次举办关于青少年大脑知识的讲座时，我非常担心听众的反应。讲堂里的许多听众处于 18～21 岁，尽管他们在法律意义上已经成年，但仍属于青少年。我告诉他们，他们的大脑与成人大脑运转的方式不同。他们会不会觉得这又是一个成年人在居高临下地看待他们、轻视他们，或者在消遣他们的怪癖和好奇心呢？

令我惊讶的是，他们很感兴趣，也很高兴、欣慰。一个 18 岁的孩子说："原来我感觉自己的大脑要爆炸了是因为这个！"一些人觉得我用"快速生长"这个描述方式太过"温和"，应该用"激增""狂野""爆发"之类的词语。他们乐于聆听关于脑回路、突触、修剪和脱髓鞘的细节，这也是我在前面的章节花时间解释这些过程的原因。我的听众很快理解了突触修剪会受到他们所做事情的影响。他们了解的不是像青春期的身体变化那样被动的过程，而是复杂的大脑重塑过程，它导向青少年兴趣和行为的产生。我的听众尤其乐于聆听的一个发现是青少年具有独特的生物钟。

青少年的生物钟与儿童和成人的生物钟都不同步。青少年就像生活在不同的时区，人们希望青少年去做的事情与他们的身体想要做的事情完全不一致。

每个人都有着内在的生物钟以保持"昼夜节律"。这个名词来自拉丁语"circa"（意为"大约"）和"diem"（意为"天"）。昼夜节律是以 24 小时为周期变化的内在生物机制，它让我们在一些时间里感到清醒，在另一些时间里感到困倦。在我们自然清醒的时段，我们能够更好地解决难题，通常也能更快地思考问题。在这个时段，我们还会不那么笨拙，心境也可能更加稳定。

形成清醒和睡眠时段的关键在于阳光。光线刺激眼睛的视网膜，视网膜上有一条神经，通向另一个叫作下丘脑的大脑结构。信号从下丘脑的中枢传递到大脑的其他部分，而这些部分控制体温、血压，以及其他影响生物钟的激素。

由此看来，青少年与儿童和成人没有什么不同。就像儿童和成人一样，青少年也生活在白天和黑夜的循环中，有着对阳光敏感的眼睛和通向大脑其他部分的神经。因此，当青少年在早晨昏昏沉沉、毛毛躁躁、慢慢吞吞时，大多数家长当然会认为孩子懒

## 第二章 青春期大脑重塑：孩子到底在想什么

惰，或者责备他们"熬到半夜不知道在做些什么"，就像一位名叫凯莱布的父亲说他的女儿米丽娅姆那样。凯莱布的这种反应被广泛认同，直到心理学家观察到，青少年很难起床而且抗拒"按时去睡觉"的指令，因此他们决定进一步研究。

褪黑素水平是我们觉得清醒或困倦的关键。当我们从一个时区去往另一个时区时，当地的睡觉时间也许正赶上我们往常吃晚餐或者吃午餐的时间，这时我们体内的褪黑素正处于低水平，我们会难以入睡。同样，按当地的起床时间醒来也很困难，这不仅是因为疲惫，还因为这时我们体内的褪黑素正处于高水平。外面已经是早晨了，我们往常在这时会变得机敏并且渴望开始新的一天；但此时，我们的身体却不像往常那样会在早上九点经历皮质醇的峰值，而是会告诉我们"该去睡觉了"。

在青少年体内，令人感到困倦的褪黑素直到深夜才会产生。青少年坚称"我不困"，而且他们也确实不太可能在晚上十一点之前感到疲惫。然而，在早晨，当别人催促他们起床时，他们体内的高水平褪黑素却让他们昏昏欲睡。青少年的昼夜节律使他们长期面临时差问题。因此，青少年在早晨不仅会迟钝乏力，还会消极、易怒、暴躁。

以上述研究为基础，许多心理学家及教育家展开游说，希望推迟青少年的上学时间。他们认为，青少年的自然起床时间为早晨稍晚的时间，较晚开始上学更适合青少年的生物钟。青少年因此也许可以更好地吸收教学内容，更机敏、也更不容易感到无趣。在休息充分时，他们还会更不容易感到烦躁和焦虑。

我们在清醒并且机敏时会更容易对发生在身边的事情保持专注并进行应对。但当我们疲惫时，我们的推理速度就会减慢。大脑中更为原始的杏仁核会做出反应，即对可能的威胁（不论是面部表情、突然的动作、困难的任务，还是令人不悦的对话）发出未经检查的警报。在类似的唤醒状态下，我们会失去分辨何为安全、何为威胁的能力——自然的表情可能被视作发怒或有敌意，任何大的噪声都预示着危险，并且任何人际关系的紧张都会被夸大。在疲惫时，负面情绪会更加强烈，尤其是焦虑、恐惧，以及愤怒。疲惫会加剧青少年在想起要去做作业、打扫卫生或准备好第二天穿的衣服等事情时产生的消极反应。青少年的生理时差与迅速升腾却缓慢消解的情绪相结合，造就了一场彻头彻尾的苦恼风暴。此时，青少年既渴求对他们来说最重要的人的帮助，又会对这些人吹毛求疵。而对青少年来说最重要的人就是他们的家长。

## 交流与管教

青少年在这一阶段开始探索他们自身、他们的人际关系以及他们所处世界具有的更深层次的意义。当青少年将自己的经历与某首歌表达的思想结合起来时，这首歌就会引起他们更强烈的共鸣。他们会更加客观地看待家长，并且通常会看到家庭中家长看不到的因素。

## 第二章 青春期大脑重塑：孩子到底在想什么

青少年的智力水平足以处理复杂和抽象的概念，但在需要将安全置于刺激之前的情况下，他们的大脑却不太够用了。在整个青春期中，青少年都很可能不时展现出糟糕的判断力。他们需要受到监控，有时还需要被管教。管教，特别是涉及惩罚的管教，是一片危险的雷区。这有三个原因。

第一，任何形式的体罚都会对青少年产生负面影响，这种影响甚至比对儿童的影响还要严重。身体上的惩罚会激起人的愤怒和羞耻，它更可能强化青少年的抵抗，而不是"使他们屈服"。

第二，诸如大喊大叫的愤怒表现会起到反作用。青少年对激烈的情绪非常敏感，这些情绪会屏蔽一切其他事物。当听到家长的喊叫时，青少年便只能关注到家长的愤怒了。激烈的话语（"那样不安全"或"这样不行"）往往不能顺利表达出其中包含的信息。对任何年龄的人来说，当他人对自己大喊大叫时，关注对方话语中的合理论点总是非常困难的。对青少年来说，这更是不可能的。

第三，诸如限制行动自由的管教方法（皮特一开始对待卢安的方法），如只允许青少年出门上学或参加一些既定活动或者禁止他们使用网络或手机，都不如在他们做出良好行为后对其提供奖励有效。与儿童或成人相比，青少年更不关心可能受到的损失，但更可能因获得奖励而兴奋。

我们可以利用青少年大脑的这种特点使管教更加有效。通过承诺给青少年换新手机或者给予他们更多的自由（在他们表现出责任心、完成作业或遵守家长制定的规则的前提下）达到管教目的的成功率更高。当惩罚看起来确实有必要，如青少年损坏了汽车，或者粗心大意地对待重要、高价值的东西，又或者这种粗心导致经济损失时，惩罚就应与青少年行为的后果相关。并且，家长应该给青少年提供机会，让他们证明自己正在学着做得更好。

交流远比惩罚有效。第一步，阐明青少年冲动或不假思索的行为带来了怎样的问题。皮特在说"玛莎差点儿死掉，你差点儿死掉"时，就阐明了问题所在。皮特涉及的另一个问题是"我该怎么再次相信你能保证自己的安全？"但皮特并没有真的开口问卢安这个问题，而是将此当作自己要解决的问题，并直接展示了卢安需要面对什么后果。其实更有效的第二步应该是邀请青少年一起合作，想出解决问题的办法。

如何才能达成这种合作呢？

记住，皮特花了很长时间才缓解了卢安的鲁莽行为给他带来的冲击。他"无法接受"自己青春期的女儿"如此愚蠢"，并要求她为自己的行为给出解释。但如果他能退一步，缓和自己的情绪（家长比青少年更擅长此事，不过在处理孩子的问题时，家长往往做不到），那么他就有可能意识到，坚持让女儿"解释自己的行为"或者质问"你为什么这么愚蠢？"是一种强制性的举动，不太可能引出孩子基于反思的回答。这种方式为反抗埋下了种子，而不是开启对话的大门。

## 第二章　青春期大脑重塑：孩子到底在想什么

然而，如果皮特了解关于青少年大脑的知识，他就会知道卢安无法回答这样的问题。卢安做出了当时最令她感到快乐和最重要的举动，即使从理智上来说，她知道那样做是不合理的。

因此，当家长的愤怒引起了青少年的挫败感和怒火时，扭转这种螺旋下降趋势的方法就是向前看。向前看，这对父女的问题在于"卢安能从这次事件中学到什么？""这次事件如何能提高她的责任感？"以及"皮特如何追踪了解卢安责任感的变化？"

一些家长和青少年发现拟定关于良好行为的合约是有效的。一般来说，合约按照"当你按以下方式表现出责任感，你就能获取一些独立权"的思路制定。

制定一份合约需要双方达成协议，让青少年确信遵从规定会获得奖励，也清楚违反合约要承担后果。要使合约生效，条款必须尽可能明确。这些条款应该写在书面上，并且不论是家长还是青少年都不能在未经另一方同意的情况下通过添加或取消条件修改它们。这样做的好处在于你可以设置明确的条件："如果你能做完作业/做完项目/这一周每天帮忙做家务/晚上九点后不用电子产品，你就可以去。"

制定合约的短板在于可能导致关于青少年是否遵守规定、违反合约，或是青少年是否有"过错"、情况是否"不可避免"的争论。

世界上没有一种万无一失的办法可以保证青少年再也不会考虑不周、轻率鲁莽或者不负责任。家长能做的最好的事情就是支持和鼓励青少年的受刺激控制的神经网络。在两人关系不那么剑拔弩张的时候，皮特可以给卢安布置一个任务，比如让她写一个故事，或者从她自己的视角讲讲那个冬日发生的事情。在哪一点上她也许可以做出更好的决定？她希望自己能够在哪一时刻远离危险？

尽管卢安可能会把所有这类任务看作一种惩罚，但这种练习会鼓励她对关键问题进行反思，如"我在这个事件中扮演了什么角色"以及"我做的什么事导致了后来的结果"。当皮特参与到女儿的努力中，对她的视角表现出理解，并引导她采取某种更为宽广的视角时，他们的亲子关系以及这位青春期少女的大脑都能更进一步地发展。

当青少年理解了他们大脑的旺盛发育时，他们会感觉自己得到了辩护。这些知识使他们有理由说："看，我不是坏/没用/一无是处/粗心大意的——我只是一个正在经历大脑重塑的青少年。"但这些知识也让家长有理由说："我对这个发育中的大脑很关心，而且我的建议是必要的。"

第三章

# 负面情绪的表达：帮孩子管理情绪

"你没法体会到我的感觉。"

正如我们看到的，青少年情绪运行的神经轨道是顺滑而且快速的，而管理情绪和使其平静的大脑回路则缓慢而低效。愤怒、恐惧、悲伤和快乐等情绪的爆发很迅速，解决却很慢。在前面的章节中我们看到，如果没有他人（理想情况下是家长）的协助，青少年的大脑就不具备管理这些情绪的能力。在这一章，我们将从另一个角度看，青少年在理解自己以及建立能够描述那些复杂精妙的感受的新语言方面，做出了怎样的努力。

## 情绪粒度

幼儿会交替地使用情绪词。对于 4 岁的孩子来说，"悲伤"这个词可以用来描述恐惧、愤怒或者不开心的情绪。儿童展现出心理学家所称的"低粒度"，这意味着儿童对情绪的描述不是精确地聚焦某一种特定情绪。他们无法区分可能有某些相同要素的不同感受。

## 第三章 负面情绪的表达：帮孩子管理情绪

青少年则会花费大量时间关注自己感受的细节，以及自己的情绪产生的背景。青少年会与朋友谈论自己的感受，而当家长将这些感受归结为"不对的"时，他们就会大发雷霆。"你为什么总是生气？"托德的母亲问道。托德激烈地反驳道："我没有生气！"这位母亲轻笑一声，儿子的强烈抗议刚好证明了她的观点。但对于15岁的托德来说，"生气"并不能描述他迸发的情绪。

"她不明白，"托德告诉我，"那种感觉更像某种挫败感。"停顿了一会儿，他补充道："而且，如果我是她说的那样，那也不是'生气'，而是'愤怒'。"这个15岁的男孩正在努力抓住某种情绪与另一种情绪之间的微妙区别。他朝着"高粒度"的目标努力，寻找精确的词语来描述特定的情绪。

青少年也在了解情绪的复杂性。比如，当他们感到悲伤时，他们可能也会感到孤独、羞耻、被孤立或忽视；当他们感到快乐时，他们可能也会感觉自己强大，感到兴奋、自豪、充满力量和渴望；当他们感到害怕时，他们可能也会感觉自己弱小，感到焦虑、无助、迷茫以及被拒绝；当他们感到生气时，他们可能也感到痛苦和愤恨；当他们受到羞辱时，他们可能会感到无助，但也可能产生报复心理。

随着青少年完善对情绪的概念，他们也经常因自己的情绪随情境或心境变化的迅速改变感到迷惑不解。伊拉在母亲让他放下手机打扫房间时感到生气，他因为不能继续浏览令他兴奋的媒体新闻而感到挫败。在浏览相关帖子时，他感到乐观、急切、充满活力。而母亲的命令打断了他的注意力，也提醒了伊拉他仍然是一个被家长希望遵守指令的男孩。他认为自己的需求被忽视了。这些想法都与"他的感受"捆绑在一起。

伊拉的母亲随后因为儿子响应她的要求而表扬了他，并说："尽管我知道你不想这样做。"伊拉的气愤缓解了，但母亲接下来又提出了一系列"需要他马上做的事"，比如遛狗和叠好洗净的衣服，这让他的沮丧转化为悲伤，进而又转化为愤怒。伊拉觉得自己被困在了这个"愚蠢可怕的家"中。

儿童将情绪的短暂性当作人类特征的一部分。他们会在眨眼间从看似完全绝望的状态（如流泪、喊叫、呼吸急促、四肢紧张）转变到快乐的状态。但青少年会因为情绪像跷跷板上下摇摆般的快速转变感到慌乱。他们晚上躺在床上时还感觉欣喜、有力和乐观，可第二天早晨就觉得空虚、焦虑和被拒绝。

对于一些青少年来说，这些不同的情绪状态意味着不同的身份。"有三个我，"一个14岁的女孩在治疗过程中对特鲁迪·罗素说，"一个我愤怒、焦虑、不想吃饭，想要惩罚我，而且恨我……另一个我快乐、自信，而且对自己感觉良好……还有一个我处于中间，在两个极端之间困惑不已。"

不断转换的情绪增加了这个女孩对于她的身份的困惑。当不同的感受震撼她的内在世界时，罗素的这名来访者思考着"我是谁？"的问题。青少年会问自己："如果我的感受有这么多层，而且不同情绪所在的层次毫无交集，我怎么能处理关于我自己和其他人的信息呢?"就像丹·西格尔所说的:"从内心来看,这些变化可能使青少年不堪重负,觉得生活过于困难并迷失方向。"但家长的理解能够帮助他们找到方向。

## 大脑和身体如何产生情绪

情绪在产生时并不是完整、现成、清晰的。在某种程度上,我们根据自己的想法和文化原型构建情绪。我们读过的书、看过的电影,以及他人说话的方式都是文化原型的一部分。我们还会根据自己的身体构建情绪,并且这很大程度上是通过解释"本能感觉"实现的。

有些人认为直觉提供了通往真相的可靠路径,而有些人则坚持认为直觉缺乏有用的意义,它应该永远让位于思考和理性。研究大脑与大脑活动的神经科学家则以另一种方式看待直觉。

从神经科学家的角度来看,情绪始于我们内脏和组织的感觉,来自我们血液中的激素和免疫系统的活动。伴随我们一整天的基本感受,不论是愉快的、中性的还是痛苦的,都来自每时每刻传递着感觉流动的内在过程。这种感觉流动叫作"内感受"。人的所有想法和决定都受到这些感觉的影响,所以"遵从直觉"和"遵从理性"之间的区别也就消失了。大脑永远是由直觉塑造的。

内感受是检视我们想法、感受和念头的过程。一方面,当我们进行内感受时,我们能意识到自己在做什么和想什么;另一方面,内感受在很大程度上又是自动的,而且往往是无意识的。内感受被称作我们拥有的关于身体的"第六感",即器官的内在状态(心脏的跳动、胃部的消化活动、肺部的充盈与排空)以及皮肤感受到的温度、气流、触感和质地——实际上就是我们所有的生理过程。内感受的信号会被传输到大脑,产生从平静到紧张、从愉悦到痛苦的一系列感受。

我们的大脑随后会解释这些信号。内感受是一种活跃且高度个人化的过程。每个人对自身内在状态的解释都是独特的,受到过去经验、当下希望以及价值观的塑造。所有的情绪都接受内感受网络输入的信息,所有的想法、计划或念头也是一样。

想一想,对于青少年来说,从正在更新的神经回路到血液中陌生的新激素——在这一系列新的内感受信号的影响下,面对新情绪该多么具有挑战性。儿童会认为感受的变化是理所当然的,并且在构建情绪的时候会少有顾虑;成人在构建情绪时会有更多的经验可以借鉴。然而,青少年在审视和评估自己的情绪时没有路线图,但他们感觉自己的生活质量取决于能否在"我有什么感受?"和"这些感受意味着什么?"这两个问题上得出正确的答案。

信任自己的情绪至关重要。情绪揭露了我们重视什么、什么塑造了我们的目标,以及什么指导了我们的依恋甚至是信念。我们的感受从来不是百分之百可信的,然而对情绪持续的不信任或怀疑会切断我们与他人的核心关系，以及与自身的联系。当青少年反思并测试和构建他们的渴望和需求时，他们会问："什么让我快乐？我会不会一直感觉愤怒？我喜欢什么样的人？他们是什么性别？如果我要让某人爱上新的、陌生的我，我要变成什么样子？"青少年的许多典型兴趣（例如乐曲、歌词、电视节目、诗作）都会成为他们了解自己新的情绪语言的辅助工具。

## 消极但必要的感受

  如果青少年被要求列出最担心的事情，位于列表第一位的会是被负面情绪压垮，特别是焦虑和抑郁。家长希望保护青春期的孩子，令其免受消极感受的困扰，还希望为孩子提供与不可避免的人生起伏之间的缓冲。但许多家长都在如何有效地做到这些方面倍感挣扎。

  "我在青春期时就是一团被激素驱使的乱麻，"特莎告诉我，"那时的我经常感觉很糟糕。可能我爸爸只是走进一个房间，但这就足以让我感到愤怒。看到朋友的新牛仔裤，我就满心不悦——你知道的，我会想'我什么时候才能看起来这么好呢'。我会觉得非常孤单，但又不想离开房间。看到那些看起来开心、平和的人，我觉得他们生活在另一个世界。我不愿意看到米丽娅姆也经历这些，但我觉得这在生理层面上就是不可避免的。"

  任何年龄的人都可能感到愤怒、恐惧、担忧、孤独、无聊、易怒以及悲伤，但当我们从儿童期步入青春期，这些负面情绪会显著增加。在一项研究中，研究人员询问了儿童、青少年和成人在一天中的不同时间感觉如何。区别很明显，与儿童和成人相比，青少年更频繁地经历负面情绪，而且这些情绪也更强烈。

家长有时会说"这都是激素导致的"来安抚青少年。他们这句话想传达的含义是"你是正常的"以及"你的消极感受不会永远存在"。但在青少年听来，这句话的意思是"你的感受不是真实的"或是"我不会把你的感受当回事"。

青少年的激素会影响他们的生理成熟，会引发第二性征发育，包括阴毛和腋毛生长、女孩的乳房和骨盆发育，以及男孩的胸腔发育和变声。但与普遍观念相反的是，激素水平与情绪紊乱没有直接关系。实际上，触发青春期的激素也会触发大脑发育，而正是大脑发育导致了高情绪强度（emotional intensity）。这些情绪不应被视作很快就会"消散"的"青春期动荡"而不加理会，相反，它们为青少年的人格特征打下了基础。

青少年不断发展的智力和共情能力以及已经提高的逻辑推理能力导致了高情绪强度。有时这种强度有着负面影响，会使青少年和家长都感到焦虑。但是诸如悲伤、痛苦、担忧、孤独和愤怒的负面情绪也有一定的作用，它们是表示我们重视和需要的事情与实际上发生了的事情存在矛盾的信号。负面情绪促使我们解决这种矛盾。只要我们不是持续地被这些负面情绪压垮而不能自拔，它们就是有用的。青少年的大脑有着响亮的警报系统和迂回低效的神经回路,他们往往需要他人分享、理解并帮助缓解这些情绪——能够最有效地做到这些的就是家长。

## 把青少年放在心上

当13岁的米丽娅姆告诉母亲特莎自己感觉有多"丧",有多么想要"挖个坑埋了自己,忘了自己存在"时,特莎一开始展现出了同情。但当米丽娅姆详细地说明她的感受:"整个世界好像要颠倒了,所有东西都很可怕,而且最简单的事也让我的脑袋嗡嗡作响。"这时,特莎告诉女儿:"你确实有些病态。你得振作起来。你现在只是在浪费精力。"特莎是有同情心的,但她也感到害怕。按她的解释,她不希望女儿"沉浸"在"病态想法"中。

15岁的乔纳斯也曾试着与家长谈谈他的消极感受,但他们的回应令他抱怨道:"他们完全没想帮我。他们就说让我'别那么想'。然后我妈妈开始说什么'激素',说'青少年就这样'。我听着他们谈话——他们分开了,根本不跟对方说话,但是那天他们都在,就坐在餐桌旁。我爸爸说:'他有些抑郁。你应该带他看医生。'而我妈妈说:'他这只是激素导致的。'他们的声音让我难受。不是因为他们对彼此大吼大叫,而是因为他们是为了我才吼叫。这让我感觉糟透了。那样子真难看。好像他们受罪是因为我有问题。那感觉就像他们把我的心装进了一个标本罐子,然后盯着看。但我的心还是孤独的。"

家长对于青少年情绪的恐惧会加深青少年自己的恐惧。对于家长来说，在青少年似乎要分崩离析的时候，让自己保持沉着冷静、身处当下，也就是对青少年给出积极反应并保持尊重，需要一种特殊的勇气。家长总是希望让情况变得更好，并尽力给出积极反应。毕竟见证孩子经受悲伤令人痛苦，而不做出行动去消解和处理这种情况也很困难。但这并不是青少年需要的。青少年需要感到有人把他们"放在心上"。这很简单，仅仅意味着有人能从青少年的角度看待他们的体验。要做到这一点，家长需要"心中了解，并且身体也能感受孩子感受到了什么"，而不是被孩子或者自己的苦恼压倒。就像乔纳斯说的，最糟糕的事情是，他的心灵是孤独的。

儿童需要自己所爱着的和信任的大人告诉他们，他们的惊恐有人理解。同样，青少年也需要家长让他们确信自己的头脑不是孤独的，而且他们爱和信任的人能够帮助他们理解那些可能压垮他们的感受。并且不论有着怎样的感受，他们都是招人喜爱的。青少年需要家长在他们身边、为他们提供帮助，即使在他们心境阴郁时也是如此（在第八章和第九章中，我将介绍家长无法帮助青少年管理的阴暗情绪）。不过，虽然"把孩子放在心上"对很多能够自发与孩子的发展水平调谐的家长来说是自然而然的，但这种技能还是需要习得的。然而，从前家长在这方面得到的指导很少。

## 分辨情绪与控制身体

在我们还是儿童时，大人能够管理我们的许多消极感受。大人可能在我们感到孤独时拥抱我们，可能在我们伤心时给我们一块糖，可能在我们焦虑时告诉我们"没什么可担心的"。比起儿童的情绪，青少年的情绪更为复杂且更难安抚。为了应对这些情绪，家长和青少年都需要学习新的技巧。

正如我们所看到的，情绪受到内感受神经网络的影响。我们的内在身体状态发出的信号传递到大脑，随后大脑中充满"我恋爱了""我要崩溃了""这太痛苦了""我要溺水了"之类的意念。想要管理负面情绪，一个好的方法是从注意胃部的翻涌、头脑的晕眩或混乱、双腿的摇晃，以及喉咙的紧张开始。成人不需要他人经常提醒也能做到这一点，因为他们的大脑能更高效地关闭警报。成人能理解自己面临的尴尬、拒绝或犹豫不会使他们丧命，虽然他们可能还是会感到心烦意乱或者痛苦难耐，但不会被压垮。

青少年的负面情绪更容易导致问题，因为他们的警报一旦拉响就会持续下去。当青少年的呼吸节奏被打乱、心跳加快或者胃部感到紧绷时，他们就会陷入难以（但不是不可能）打破的循环。首先，他们身体中的警报会鸣响。然后，当大脑不能通过解释身体信号或者告诉自己情况很好将警报关闭时，身体的警报信号就将升级。接着，被释放出来的所有肾上腺素都会留在青少年的身体里，持续发出"坏事正在发生"以及"你有危险"的信号。当与负面情绪相关联的身体感觉持续存在时，这些情绪也会持续存在。最后，由于这些情绪本身就令人畏惧，新一轮警报又会响起。恐惧（或是焦虑、痛苦）导致肾上腺素增加，进而引发与恐惧相关的身体感觉，青少年就在这种"恐惧-肾上腺素-恐惧"的循环中打转。令人惊讶的是，（打破这种循环的）非常有效的第一步是调节这种伴随负面情绪的身体信号。

有的人在发现我们感到不安时，就会让我们"深呼吸"。我们并不总能很好地接受这一建议。它可能会被当作对我们反应的批评，好像在说我们"过度兴奋"或者"失去控制"了。我们可能会觉得对方想要控制我们而不是帮助我们。但是，人在感到焦虑而且大脑（特别是青少年大脑）中警铃大作时，就会最小化氧气吸入量（因此更多氧气可以流向四肢的肌肉，以备个体需要从危险情境逃离），从而为应对威胁做好准备。在这时，"深呼吸"实际上是一个好建议。

有节奏地深呼吸可以为大脑输送急需的氧气。但令人意外的是，呼吸这件我们一直在做的事情很容易出错。当我们感到害怕或焦虑时，我们经常会张开嘴进行深呼吸。快节奏地张嘴呼吸意味着我们在尝试让更多氧气进入身体系统，但这样做会起到反作用。被设计出来用以完美地为我们获取所需氧气的器官是鼻子，而不是嘴。在鼻腔深处，层层叠叠的黏膜会将空气加热或冷却至体温。当我们呼吸的空气到达鼻窦（与鼻子相连的含气空腔）时，这些空气会与能够使呼吸系统的血管松弛的一氧化氮结

## 第三章 负面情绪的表达：帮孩子管理情绪

合，使更多的氧气进入血液。我们在平静的时候进行的那种有规律的呼吸能够帮助我们达到所谓的"放松反应"。在这时，身体不再专注于自卫，让身体为危险做好准备的神经化学物质会停止激增，暴风雨很快就会平息。

当含氧血不再流向准备战斗或逃跑的肌肉，大脑就会获得氧气，从而可以反思我们的感受。什么困扰着我们？我们需要什么？我们可以给这种情绪起什么名字？是悲伤、自我怀疑、易怒、焦虑、不耐烦或恐惧等情绪的混合体吗？

给情绪（尤其是负面情绪）起一个名字，将其与其他情绪区分开来能够帮助人们控制这种情绪，这一神秘现象已经反复得到验证。词语，特别是正确的词语，能够给人控制感。这意味着我们不仅要给感觉起一个非常笼统的名字，比如"疯狂"或"悲伤"，而且要聚焦某种情绪，审视它的特点和背景。这意味着青少年要在对情绪本身感到恐惧时，从感受到的不断升级的焦虑中筛选出核心焦虑——"我担心遇到麻烦""我担心没人跟我说话""我担心我喜欢的人冷落我"。这意味着青少年要抓住消极感受，不带恐惧地关注它，观察它对身体的影响，随后与身体一起努力，缓解这种情绪的紧迫性及其带来的痛苦感。这个过程有时被称为负面情绪分化（negative emotion differentiation，NED）。它也许不能解决问题，但当青少年找到正确的词语来描述情绪时，他们就能更好地寻求解决办法。并且，在找到解决办法之前，青少年能够保持冷静，感到舒适，与人联结。

寻找正确的词语来表达感受能使我们将注意力集中在这些感受上,而这种注意力的集中会唤醒大脑的前额皮质,即大脑中能够反思、提前计划和推理的部分,也就是对好的信息进行整合的部分。挺过最初的情绪风暴、分辨情绪并观察它——这不会毁灭你,反而能够增加健康的神经信号传导。这样做能够缓解情绪紧张,因此青少年突然就能"看得更清"了。

当我们与亲密的、支持我们的同伴站在陡峭的山下时,山路似乎就没有我们独自一人走时看起来那么陡了。我们的呼吸和心率会自动地与身边的人同步,尤其是与我们信任的人。没有什么比被"关爱"更能有效地缓解情绪痛苦了,不论这种关爱是在"心上"还是身体上。在这种时候,挑战似乎不那么可畏,问题也不那么严重了。

## 总结与练习

青少年正处于尝试弄清如何应对身体、人际关系和心智上的变化的阶段。他们感受着新需求和不断提高的不确定性带来的压力。家长希望孩子在学校努力学习,在家里承担更多责任;孩子仍然想要取悦家长,但也希望能做自己。青少年感到一个独特而美好的自我正要诞生,但其形象仍不明确。在一天之内,青少年可能会经历极端的情绪转变,前一分钟还情绪高涨,觉得自己强大有力、无懈可击,下一分钟就变得绝望空虚、极度脆弱。

## 第三章　负面情绪的表达：帮孩子管理情绪

　　许多家长在面对孩子的原始情绪时会感到无助。许多家长猜测孩子不受控制的挫败感、非常易怒和自我凝视"仅仅是激素造成的",认为这些应该被忽视。然而,为孩子"提供帮助"意味着家长愿意去承认这些难以应对的情绪,并向孩子保证,无论多么令人不适,它们都不会破坏亲子间的联结。作为家长,表现出你理解孩子,或者愿意试着去理解孩子会很有帮助,就像你处于青春期的孩子还年幼的时候,你会陪在他身边等他的脾气和眼泪都消散一样。

　　"情绪管理训练"这个术语现在在关于儿童养育的书中非常常见,但它在关于青少年养育的书中却被严重忽视了。对儿童进行情绪管理训练的基本要素包括鼓励他们思考其他人有何感受。家长可以问孩子:"你觉得弟弟为什么哭?你觉不觉得他难过是因为你抢了他的玩具?"或者问:"你是不是因为爸爸生气了/奶奶不能过来了/你的朋友病了而难过?"通过这样的对话,儿童的注意力会被吸引到情绪产生的背景上。

　　情绪管理训练还能将孩子的注意力引向促使他做出某种行为的感受。当孩子在兄弟姐妹的生日派对上生闷气时,家长可以问:"你感到被冷落了吗?"当孩子拒绝玩耍时,家长可以问:"你是因为妈妈要走了而失望吗?"

　　尽管所需的技巧不同,但情绪管理训练对青少年同样重要。家长在帮助一个想要了解情绪的儿童时使用的词语,对想要发现自己的情绪语言的青少年来说不一定有用。家长给予儿童的共情并不总是受到青少年的欢迎，他们可能会觉得家长是在把自己当成幼儿看待。对青少年进行情绪管理训练需要更多耐心以及更努力的合作。

我们可以从下面几点开始，了解在对青少年进行情绪管理训练时需要避免些什么。

**1. 不要忽视情绪。**

本章解释了接纳情绪的重要性，即使对于难以应对的情绪也是如此。所以，在对青少年进行情绪管理训练时，家长不应该以"孩子应该永远感到开心"为基础行事。

**2. 不要试着"修正"情绪。**

有时，我们对孩子感同身受，想要"进行修正"。我们可能会对一个因为和朋友吵架而苦恼的青少年说："算了吧。她不值得你这样。别再想了。"这是在轻视孩子的情绪。这句话的隐含信息是"你可以将这种不快乐置之不理"。但是将不快乐的感受抛在一边并不是管理负面情绪的最好方法。

即使我们把注意力从情绪上移开，不快乐、受伤和失望等负面情绪还是会伴随我们。另外，当我们轻视青少年的感受时，我们就错失了向他学习、倾听他的经历以及发现他的困难所在的机会。这同样意味着我们失去了给他提供安慰和建议的机会。

### 3. 尽量不通过分散注意力来帮助青少年。

用零食、故事、活动或笑话分散儿童注意力的效果会很好，因为在这个发育阶段，儿童的情绪通常是短暂的。有时家长会用相似的办法安抚青少年，如准备他最爱吃的食物、答应给他买想要的东西，或者建议他出去散散心。虽然不快乐的青少年有可能从令他感到舒适的注意力转移中获益，但依赖这种方法也会让他们感到不安或者不被认可。在最好的情况下，你转移注意力的做法表明你对孩子有着同情心，孩子可能会对此以及对你为他提供了食物、满足了他的购物愿望，或者提议让他去郊游心怀感激。但帮助孩子调节强烈感受的核心是你的共情之爱。转移注意力无法促使孩子自我理解，而自我理解恰好是他们缓解对强烈情绪的焦虑所需要的。

### 4. 不要表现出对情绪的反对。

家长有时会说"我的孩子总是畏畏缩缩"或"我的孩子总是闷闷不乐"，或是像特莎对米丽娅姆说的，"不要那么病态"。当耐心受到考验时，家长会问"你为什么不能对这些事开心点儿呢？"以及"你非得事事抱怨吗？"这些问题传达的信息是"你不开心 / 抑郁 / 沮丧是因为你有问题"。作为回应，青少年要么会对毫无同情心的家长大发雷霆，要么会因这些消极感受感到羞耻。这两种情况都不能帮助青少年理解和管理情绪。

**5. 不要担心谈论负面情绪会让它们变得更糟。**

有时家长会担心谈论负面情绪必然会使孩子的情绪更加低落。关注积极的事物当然很重要。青少年也能像其他人一样，从欣赏正在发生的好事中获益。但与大多数人的观点相反，谈论消极感受并不会使它们具体化。事实上，当你鼓励孩子反思负面情绪（如区分失望和绝望、被拒绝的痛苦和羞耻或者悲伤和愤怒）时，你就是在帮助孩子掌握识别和解决情绪问题所需的技能。

下面是关于如何做的建议，其目标是使青少年确信负面情绪是正常的。家长有时也会有负面情绪，而且处理这些情绪可以有许多不同的方法。

**1. 展示你对这些情绪的好奇，以及你乐于倾听更多关于它们的事情。**

给青少年一些时间组织语言。如果在你问"你感觉如何？"或者"出什么事儿了吗？"的时候，孩子回答说"没什么！""我不知道！""别管我！"那么他们可能需要更多时间，以及需要你更清晰地表明你愿意倾听的信号。所以，请注意你的肢体语言。放松、静止的身体表示你愿意花时间倾听；专注、中性的目光表示你邀请孩子吐露心声；平稳的呼吸表示你有精力进行沟通，甚至可以帮助孩子冷静下来。

## 第三章　负面情绪的表达：帮孩子管理情绪

2.与青少年同在，即使他们遭受的情绪连你自己也不愿想起。

第九章末尾有关于管理急性焦虑（包括惊恐发作）的指导。但日常的情绪管理训练的目标是通过鼓励青少年分辨和反思情绪来让青少年对其进行管理。当青少年能说出这些情绪的名称，并能解释它们产生的背景，他们生理上的风暴就能平息，强烈的情绪就不再那么有威胁性了。

当孩子确信你在和他一起反思这种情绪时，你就可以为他提出不同的方法来看待和处理潜在问题。同样，你可以把孩子当作向导，问问他，你能做些什么来缓解他的痛苦。尽管我建议家长不要试着修正孩子的情绪或转移孩子的注意力，但家长可以鼓励孩子想办法照顾自己。问问他，什么能缓解他的压力、让他不那么无助或焦虑？还有，你可以让孩子相信，这些情绪是正常的，而且学习如何追求兴趣和遵循常规也是一项重要的技能。

研究已经证明，即使在青春期这段混乱的时期，家长持续地、积极地与孩子互动也能够促进孩子大脑皮层的修剪，并促使高反应性的杏仁核平静下来。简而言之，家长的稳定参与（陪伴在孩子身边）有助于孩子的大脑发育，可以使孩子更好地调节和管理强烈的情绪。

没有哪个家长能够每次都进行这种"指导"或合作。就像大多数育儿指导讲的一样，家长只要在大约30%的时间里正确地做到这些事，就足以积极地帮助处于青春期的孩子重塑大脑。

第四章

# 青少年友谊：
# 孩子交友的益处

"只有我的朋友才懂我。"

常见的关于青少年的误解之一就是：家长失去了对孩子造成影响的能力。按照这个观点，对青少年来说，朋友的重要性取代了家长的重要性。20世纪60年代鼓吹这一观点的社会学家坚持两个错误的假设。

第一个错误假设是，依恋有着固定的量，就像一块馅饼。当青少年对朋友产生更多的依恋，他们对家长的依恋就一定会减少。但依恋的机制并不是这样的，我们不会因为又生了一个孩子就对第一个孩子爱得少了。与爱一样，依恋也是有弹性的。

第二个错误假设是，朋友的影响力增强了（就像在孩子青春期时），家长的影响力就一定会减弱。实际上，他人对我们的影响是多样和多维度的。这种影响可能在我们生命的某个阶段十分突出，随后潜伏在背景中继续塑造我们。过去40年里关于这方面的研究表明，家长的影响力在孩子青春期时仍然很强。但是，"我的孩子不关心我，他只关心他的朋友"这个被人重复的错误假设会不断扭曲家长对孩子的看法。

在接下来的两章中，我将关注青少年的友谊。着眼于青春期女孩和男孩的友谊之间的巨大差异，以及家长在这些友谊的变化和发展中扮演的各种角色。这一章强调了青少年的友谊产生积极影响的潜力，而下一章则阐述了家长对于孩子的同龄人给他们带来压力和风险的担忧。我们将看到家长可以怎样促进孩子建立积极的友谊并管理风险。

## 关于群体的简短历史

人类本质上就是一种社会性生物。如果我们的祖先总是独来独往，他们就无法生存。人类的童年比其他任何生物的都要长，这样漫长的童年需要他人提供多年的照料。最初，儿童的基本生存都需要他人的帮助；他们无法靠自己获得食物、保暖、避免捕食者的伤害。但人类的社交性并不局限于此，它还延伸到爱、依恋以及相互理解等构建大脑的力量。

儿童在成长过程中的许多需求是由亲近的家庭成员满足的，但家庭并不是一个孤立的单位。家庭包含在社会中，而社会具有关于排斥和包容的规则以及关于参与和贡献的规范。儿童依赖更有经验的成人来给他们传授知识。但随着进入青春期，他们也需要同一些与自己相似、在了解世界的过程中处于相近阶段的人一起汇集并交流知识。青少年与同龄人一起对成人教授的东西进行评估、修改和更新。而且，和所有人一样，青少年从关系亲近的人那里会学得更好。

向别人学习需要信任和联系。在接受别人提供的信息之前，我们会问"我能相信你告诉我的事吗？""你向我展示的是重要的、我可能会觉得有用的东西吗？"以及"你有没有考虑我的最大利益？"这样，我们就可以确认提供信息的人不会试图欺骗或伤害我们。这是我们喜爱和信任的朋友能够对我们造成影响的一个原因。

青少年在相互学习时会相互模仿。学习和依恋中都包含模仿。婴儿会模仿家长的微笑和话语，会通过观察其他孩子（也就是模仿）学习互动和游戏的规则。他们的话语中会夹杂着"我也是"和"我也一样"的表达。

在青春期，当青少年在塑造个人身份方面感到有压力，并开始管理自己的打扮和行为时，模仿会延伸到他们的行为和外表方面。青少年会与朋友听同样的音乐、看同样的电视节目、在社交媒体上关注同样的"网红"。他们互相打招呼、说话和走路的方式都很像，还会通过穿相似的衣服来展现彼此的相似性——事实上，从发型、妆容到在身体某部位穿孔，所有形式的打扮都反映了他们所在群体的规范。相似性成了宣誓归属的密码。因此，一些家长说孩子被他们的朋友"接管"了。

人们不仅对家庭有归属感，对朋友圈也有归属感，这是人类幸福的根本。在我们的一生中，无论年龄多大，朋友都会给我们的身心健康带来好处。但是比起儿童和成人，青少年对朋友缺失的感觉会更加敏锐。任何社会隔离（social isolation）的标志，比如青少年被排除在一项活动之外（即使这项活动是青少年并不特别关心的短暂活动），都会使青少年的情绪低落，并加剧他们的焦虑。

青少年有时把朋友称为自己的"盔甲"——这个词语暗示了没有朋友的日常世界会令他们感到多么危险。一个没有朋友的青少年就不得不在看似危险且让他不受保护的社会环境中生存。

## 部落自我

友谊具有的"引力场"在孩子青春期发生改变。青少年渴望被社会接受，因而大多数青少年会改变自己的外表、行为和想法以适应社会。他们迫切需要与同龄人建立联系，需要加入同龄人群体，这让许多家长感到不安。这些家长随后得出结论，认为他们正"因为孩子有了朋友而失去孩子"。下面的三位家长都因孩子的性格和表现受到朋友的影响而困惑。

"菲利普一直都是一个书呆子，"斯坦解释道，"他很小的时候就迷上了火车模型。他在家里到处搭复杂的轨道。当我哄他上床睡觉时，他也会谈论明天要搭什么。他一直有一两个朋友，不是完全独来独往。但他也不怎么喜欢社交。过去这并不重要。那时候他听不见别人说话都不算什么大事儿。那只不过是因为他本来就这样，也没有人在意。我带他去操场时，其他孩子也会正常地打招呼。可是现在，我看到他在学校时好像会躲在角落。而且我可以告诉你，他不光在学校里这样躲藏。他一回家，就把书包甩在地板上，好像书包带电似的。然后他就会钻进房间，把房门关上，好像这个世界不喜欢他，他也因此讨厌这个世界。14 岁之后，他好像突然失去了朋友。"

阿曼达这样形容她 15 岁的儿子加思："（他是一个）痴迷于火车和汽车的小男孩。以前他痴迷电脑游戏，沉浸在自己的世界里，不需要真正的朋友，只需要（游戏里）那个古怪的小男孩当他的恶作剧同伙。现在加思 15 岁了，大约从一年前开始，他突然开始关注其他男孩在做什么，以及他们有什么东西。加思以前从不关心自己穿什么衣服，但现在他一定要跟其他人穿得一样。加思的父亲以前总是按自己的想法给他剪头发，可现在呢？加思一定要把头发剪得跟基思、吉姆或者阿明的一样。他尝试融入群体的方式有点儿好笑，因为他根本不是那样的人。但这也让我感觉有点儿难受，因为他现在确实就是那样的。"

桑德拉说："（我 13 岁的女儿温迪）一直是一个喜欢社交的小家伙，她有朋友、好朋友、关系不好的朋友，等等，这些人的名单一直在变。有时她们之间也会发生点儿戏剧性的事情。有些事还会让她流泪。可现在情况不同了。我发誓，她的朋友们都在耍她。她们做了某件事,就意味着她也必须做,比如修眉或者编手链。你会看到她一直和那些朋友在一起,她们看起来就像一个部落。"

桑德拉说的"部落"一词代表比"一群朋友"更大的群体。部落包含多代人,他们共享习俗、价值观和信仰。友谊则不同,它是在青少年这一代人之间形成的,并且仅限于这一代人。尽管如此,我还是很喜欢她使用的这个词。"部落"这个词比"团伙"更柔和,因为后者会让人联想到攻击性和犯罪。但是,这两个词也有相似之处——都涉及排他性和特定的仪式。与阿曼达以及许多其他家长一样,桑德拉也感觉自己的孩子被陌生的习俗和行为控制了。

很少有青少年对被同龄人接纳或排斥无动于衷。温迪和加思重塑了自己,以确保获得归属感;菲利普则将愤怒和经过伪装的漠不关心混合起来,用这种独特的方式取代朋友提供的"盔甲"。

为什么加入同龄人群体的需求在青春期变得更加迫切?为什么加思在接受朋友的爱好时就把自己长期坚持的爱好抛在一边了?为什么温迪优先选择与朋友在一起,即使这意味着她要放弃自己喜欢做的事情?为什么菲利普在家里不再那么有归属感了?为什么没有亲密友谊的青少年患抑郁症的风险更高呢?

为了理解朋友在青春期的重要性,我们需要再次反思青少年的镜中我和社会脑。

读懂青春期孩子的成长信号

# 镜中我

"镜中我"这个说法可能让人觉得青少年是根据自己在镜子中的影像来认识自己的。然而，镜中我实际上并不意味着青少年关注在镜子中看到的自己，而是意味着他们关注别人如何看待自己。镜中我是脆弱且不断变化的，它被诸如"我在别人眼里是什么样子"和"现在看到我的人是怎么看待我的"的自我怀疑包裹着。

正如第二章讲到的，青少年大脑中发生的变化意味着他们在处理社会信息方面必须比儿童或成人更加努力。这种额外的努力增加了青少年对别人如何看待他们的不确定感。当一个青少年走进房间或在学校里走动时，他的内心总有一个挑剔、急躁的观察者在旁边，猜测着别人在想什么——这个内部观察者给出的结论会在瞬间从"你看起来很棒"变成"你看起来像个怪物"。

在童年期，我们将家长当作"镜子"。他们因我们所做的事情表达骄傲、快乐、愤怒或焦虑，而我们通常会接受他们给我们的反馈。儿童有时是"美好"或"可爱"的，而在挖鼻孔或吃手指时是"肮脏"或"恶心"的。儿童会接受别人对他的看法。家长对于孩子是一面镜子，反映出孩子的行为是好是坏，并且为孩子对他人进行判断提供参考。当儿童观察他人时，他在决定这个人值不值得信任之前会先检视家长的反应。通过这种方式，家长也传递出关于他人的信息。

## 第四章 青少年友谊：孩子交友的益处

但是，青少年会不断搜寻关于家庭以外的人如何看待他们的信息。当13岁的利巴因自己身体的快速发育而苦苦挣扎时，她的母亲试着安慰她："你很美。你正在变成一个迷人的年轻女性。"但对于这个处于青春期的女孩来说，重要的是她在社交圈子里的其他人眼中是什么样子。利巴的朋友尼娜是断定一条牛仔裤或一件上衣是否适合利巴的裁判。"我们一起去购物，这样很好，因为我们都能进更衣室。我看镜子，她看我。当她说哪身衣服好看、哪身不太好看时，我就能看到她说的是什么意思。当我真的穿上那身衣服时，这也能帮助我。如果我只是自己看镜子，我就不知道应该看些什么。"

朋友反映的形象可能是好的，也可能是不好的。有时，朋友的反馈是对青少年的嘲弄、奚落或贬低，但通常来说，朋友会支持、巩固或者"修正"一个可接受的形象。当利巴走在学校走廊里、走进教室或参加聚会时，她会利用尼娜看到的事物增加她的自信。作为同龄人，尼娜可以指出青少年们如何看待事物，而利巴的母亲做不到这一点。

这些充当新"镜子"的朋友不会像家人一样自然而然地"就在那里"。朋友是青少年选择"镜子"的代理人。友谊带来的特殊的兴奋和力量就在于此。青少年也许会选择某个朋友成为"镜子"，也许会选择某个朋友作为他想要变成的样子的模板，也许会选择某个朋友来指导他应该做什么样子的人。朋友让青少年在咫尺之遥就能找到一个可参考、可接受的形象模板。

15 岁的加思告诉我，他"真不敢相信自己这么幸运，能和新朋友们在一起"。"我小学的时候就认识他们了。他们总是聚在一起。当他们过来时，整个院子都会安静下来。我会打篮球，但是他们在旁边时，我就只站在那拍球，按兵不动，观察他们。我甚至不想让他们注意我，我只想看着他们。现在我是他们中的一员了，我能听到他们喊'加油，加思！'然后，'嗖'的一声，我也身处那个有魔力的中心了。"加思注意到他的朋友们穿的鞋子、提的包，以及他们的发型，他也想要同样的鞋子、包和发型，因为他希望让自己看起来与朋友们相像，这样可以缓解或至少掩饰他的自我怀疑。

自我怀疑在青少年中很常见，因为他们还没有形成或创造出自我意识（sense of self），没有稳定的性格特征，没有一系列热衷的活动和兴趣，对自己的能力或局限也没有确切的认识。伟大的心理学家爱利克·埃里克森称青春期是认同危机（identity crisis）[①] 的时期。在创造这个大家现在很熟悉的术语时，埃里克森描述了青少年对他们看待自己的不同方式进行的深入探索。青少年会练习让自己成为某种人，然后再成为另一种人。如果一个成人每天都在改变自己的性格，他会被认为是病态的；但对青少年来说，这种行为是生活中的正常部分。

青少年通过尝试不同的身份来发现自己是谁。温迪就是这样

---

① 又译身份危机、身份认同危机。

做的。她让自己表现得和朋友们一样，热衷于做朋友们所做的事情，通过改变自己来融入她们。她认为"我不知道我是谁，但我的朋友们似乎对她们是谁很满意，所以我要试试扮演她们的角色，看看感觉如何"。

然而，有些青少年对这种"变色龙效应"（chameleon effect）[①]感到不舒服。他们对自己的性格和兴趣有着坚定的认识，在朋友中寻找合适的交往对象。菲利普对父亲"唠叨着要邀请所谓的我的朋友到家里来"感到恼火。他宁愿一个人待着，也不愿和"一点儿都不像我"的人在一起。"必要的时候，我可以和他们一起出去玩。但我会觉得自己像个假人。"

青少年非常不能容忍他们认为是"假"的或"虚伪"的人，因为他们自己也不确定自己心中什么是真的，什么是"假的"。他们厌恶别人身上那些他们害怕自己拥有的特质。但如果他们在朋友身上看到自己的影子，那么他们的自我就会显得更加清晰和真实。奇怪的是，当青少年模仿他们的朋友时，他们就觉得自己不那么"假"了。

然而，选择一个朋友作为镜子，只是青春期友谊的第一步。当一个青少年选好自己的镜子后，他和朋友会开始塑造他们看待彼此的方式。他们运用新的自我反思技能进行交流。这种友谊谈话的核心是"这就是我的感觉""这就是我喜欢的""这就是我害

---

[①] 又称"无意识模仿"，指人们在进行社会交流时无意识地模仿对方的一些动作、表情和行为方式。

怕的"以及"这就是我想成为的人"。在友谊谈话中，他们分别塑造了一个新的自己。

## 与朋友进行自我探索

家长有时会抱怨孩子们和朋友聊天、出去玩，或者通过电子邮件、短信或社交媒体进行交流是在"浪费时间"。但在这种交往中，他们也在进行着自我发现和自我表达。

"我就知道你会理解的！"这是我和同事鲁斯伦·乔塞尔森在与青少年谈论他们的友谊时经常听到的惊呼。在童年期的友谊中，儿童学会了积极社交的基本知识——参与游戏和交谈、参加集体活动、遵守社会规则。在青春期的友谊中，这些亲社会的惯例仍然存在，但同时，一种更深层次、更个人化的关系出现了。青少年的朋友们开始谈论他们的感受和担忧，而且通常是他们认为只有自己具有的感受和担忧。我和鲁斯伦在薇姬14岁时对她进行过访谈。她说："我想，在我认识克莱尔之前——在我像现在这样了解她之前——我以为我是学校里，甚至是整个世界上唯一一个这样思考和琢磨事情的人。有些事不能跟别人说。我有时候觉得我看待每个人的方式非常奇怪。但是我和克莱尔在一起时就可以谈论这些，而且不会觉得自己是个怪胎。"

我和鲁斯伦观察了青少年练习友谊谈话的过程。我们和当时的许多人一样，认为这种相互的自我探索是青春期女孩之间的友

## 第四章 青少年友谊：孩子交友的益处

谊所特有的。但是，我们对这种友谊的研究揭示了青少年广泛共享的经历。例如，当研究人员观察男孩，特别是处于青春期早期和中期的男孩时，他们发现这些男孩也同样努力地表达自己是谁和自己的感受，同样渴望听到对方表达自己是谁，并利用这些交流来厘清自己的想法和感受。和青春期女孩一样，青春期男孩也会引导朋友加入谈话。他们会问："你感觉怎么样？""你在想些什么？""你的脑子里装了些什么？""你希望得到什么？""你害怕什么？"和青春期女孩一样，青春期男孩在听到朋友说"我理解"和"这就是我本来的样子"时，也会感到宽慰和欣喜。对那些觉得自己不符合生理性别，或者不符合任何一种性别的青少年而言，就像14岁的马特所说的，一个能够"透过这层愚蠢的身体伪装看到真实的我"的朋友，是一份珍贵的礼物。"这让我感到真实，帮助我了解自己。"

培养友谊标志着个体心智化的练习进入了一个新阶段——这种练习早在生命早期婴儿与家长的相处中就开始了。友谊为青少年提供了空间，使他们得以识别自己的转变和混杂的感受，以及认识共同的困难。令家长抱怨的那种无休止的谈话能够帮助青少年专注于自己的想法、感受和动机。青少年还会学到为他人提供安慰和理解的能力。正如前一章讲到的，分辨情绪有一种控制它们的力量，这为青少年提供了另一个自我调节的途径，让他们掌握体验强烈而多变的感觉而不被其淹没的能力。

在友谊中的自我表达有助于青少年组织自己的大脑。丹尼尔·西格尔在他的优秀著作《青春期大脑风暴》(*Brainstorm*)中写道:"那些用自己的心智来反思自己精神生活内在本质的人,他们的大脑中会发展出神经通路,将分离甚远的脑区连接起来。这种连接被称为'神经整合'(neural integration),它创造了神经系统的协调和平衡。就像与家长的亲密关系一样,良好的友谊也能引导大脑发育。"

## 选择不进行身份认同

然而,不是所有的青少年友谊都能促进真正的自我探索。

不论是青少年还是成年人,向朋友解释自己的想法并以相似的方式对朋友坦露的心声做出回应都是很难的事情。我们专注于面部表情以及声调的起伏和语气的轻重。我们注意呼吸的节奏、肌肉的突然紧绷、眼神的游移或凝视,并根据这些信号代表对方感兴趣还是无聊、同情还是批评来调整自己的反应。有时候我们不能做出正确的判断。可能我们想表示同情,却发现自己冒犯了别人;也可能我们向朋友吐露自己的感受后,他非但没有与我们共情,反而谴责我们。青少年想要在朋友面前保持"真实",但他们往往很难让自己对归属感的需求和对保持真实的需求协调起来。

"西沃恩和我太了解彼此了。"温迪告诉我,"我和其他女孩想得都一样,而且喜欢同样的东西——多里和埃洛迪也是这样。有时,特别是与西沃恩在一起时,我们会有一段时间不说话,就像进入了某种状态。然后我们看着彼此。我能明确地知道她在想什么，她同样知道我在想什么，接着我们就会笑起来。不需要说话也知道我们有默契。"

温迪描述的是青少年友谊的第一阶段——在家庭以外发现一个你认为和你"完全一样"的人。在这个阶段，青少年通常会将友谊理想化。这种友谊有一种神奇的、近乎浪漫的魅力。两个人都在对方的认可下感到安全。当感到"我的朋友理解我"时，令人满意的"恍然大悟"或"心意相通"会导致一些青少年相信他们的朋友"和我一模一样"。这"解决"了青少年的认同危机，因为他们相信自己知道自己现在是谁——和他们的朋友一样。

但是，当青少年长大并发生改变、有了不同的兴趣或对兴趣的热情消退时，会发生什么？当朋友发生改变时，又会发生什么？如果友谊建立在二人完全相同的基础上，那么它就会受到高度约束。当友谊发生改变时，青少年面临两难境地：要么他们再次改变，变得和朋友一样；要么回到原点，重新思考自己到底是谁。

在我和鲁斯伦研究青春期女孩的友谊时，我们发现14岁是一个转折阶段。那些要好得像是同卵双胞胎的朋友们（或者他们给彼此的感受符合他们想象中的拥有同卵双胞胎的感受）经常经历残酷的背叛，因为其中一方走上了自己的道路。鲁斯伦讲述了塔玛拉的故事。塔玛拉在九年级时看到她最好的朋友、那个"和她一样"的人，在开学的第一天穿着黑色衣服出现——这表明她的朋友认同"哥特风"。"我觉得她是为了耍酷而背叛我……她可能是为了某个有绿眼睛的会弹吉他的家伙。"塔玛拉和她的朋友每天晚上都会通几个小时的电话,互相承诺要重建她们曾经"合二为一"的状态。但是,"可能第二天我们在学校大厅一见面,重建计划就失败了"。

本书后面的章节将讲到,青少年在家长面前会表现出非常抗拒"变得完全相同"。但其实他们在朋友面前也会表明自己的个人身份。青少年发现他们对不同的人和不同的环境有不同的感觉。这就是为什么塔玛拉和她的朋友在私下聊天时会由衷地觉得她们可以"合二为一",但在学校里却感觉对方很不一样,觉得对方是"不同的人"。

当朋友之间出现分歧时,青少年面临两难境地:"我是冒着与朋友闹掰的风险继续说出我的真实想法,还是隐藏真实自我来留住我的朋友?"当青少年走在真正的依恋和对归属感的渴望之间的狭路上时,他们的友谊可能是不稳定和不可预测的。

## 聊"八卦"的重要性

在友谊中,青少年练习构建关于自己和他人生活的故事。将所发生之事整理成故事讲述出来,是处理和组织自身经历的一种方式。简单地将事件置于上下文中并注意它们的次序,有助于我们按某种顺序排列自己的想法——这个看似简单的过程可以帮助我们存储记忆并管理与之相关的情绪。这样一来，令人痛苦的事件就不会继续折磨我们。青少年对普通社交互动的反应原始而混乱，因此讲故事可以是一个很好的治愈方法。

早在我们可追溯的远古时期，人类就会讲故事了，但科学家迟迟没有意识到这些叙事的重要性。直到20世纪末，心理学家才认识到我们如何通过我们讲述的生活故事建立自我意识。从来自经验的原始数据中，我们塑造了英雄和恶棍，创造了成功和失败的故事。青少年的自我意识既由这些故事表达，又由这些故事塑造。

我们发现友谊谈话可以用来练习讲述以及测试那些定义我们是谁的故事。16岁的凯利告诉我们："我们会花好几个小时聊天——只是聊天。有时只聊一件事，比如昨晚发生的事，或者她昨天不在学校时发生的事。然后她就会问很多问题：'当时发生了什么？她说了什么？她是怎么说的？快把她说的话一字不落地告诉我。学她的声音说话！然后你又说了什么？你感觉怎么样？'这就是为什么她是我最好的朋友。她想知道关于我这一天以及我是谁的所有事情。"

青少年讲述和听到的许多故事都被称为"八卦"。现在这个词不是什么好词，但在英语中，它最初的意思只是与"上帝的兄弟"或紧密联系的群体中的人交谈。八卦通常被认为是"女性做的事"，但其实所有性别和年龄的人都会参与八卦。正是通过八卦，我们得以了解那些藏在展示给公众的面具之下、生活在青少年通常认为是伪装的东西之中的人们的生活。

青少年会困惑于"真正"或真实的自我与虚假或虚伪的自我这两种相对的概念，因此他们在青春期总是聊八卦的原因也就很明显了。青少年纠结于验证自己的身份，也对他人的生活充满好奇。八卦让他们得以探索他人生活的"非官方版本"，也就是藏在他们精心呈现的自我背后的经历和波折。

温迪在和朋友们（在她母亲看来这些孩子都和温迪"一模一样"）聊天时，得知自己在加入新团体之前认识的朋友盖尔"勾搭"了一个男孩。温迪觉得，而且认为别人也觉得，这个男孩确实很"辣"。短暂的恋情结束后，盖尔在社交媒体上发布照片，嘲讽这个男孩是"平庸的懦夫"。温迪想打听更多的八卦。她在社交媒体上关注这两个人之间的互动，对他们发的文字和图片既感到惊讶又很感兴趣。"在某种程度上，这行为有点儿傻，但对我来说的确有意义。我是在打听一个曾经是我朋友的人的事情，有点儿像是在跟她保持联系。'哇！她的生活里没有我'的感受让我觉得惊讶，但我也想知道'这些事是怎么发生的？她想不想我？她现在到底在哪里？'"

八卦会激发青少年的好奇心，但他们了解到的东西可能会令他们非常不安。当我问加思他最近听说的关于其他人的故事时，他告诉我，他的一个朋友对他描述了另一个朋友如何与他认识且喜欢的女孩发生性关系的事。"他说那两个人发生关系后，那个男孩立刻就离开了，冲了个澡，还说感觉'很满意，真的很满足'，但那个女孩对他来说好像'什么都不是'。他没有再给她打电话或发短信，他什么也没做，就好像只是'玩得很开心'。这让我感到恶心。我想对那个女孩好一点儿。我想让她感觉好一点儿。但我不想让别人知道我听说了这件事。"

温迪和加思从八卦中了解到的东西强化了他们对认识的人的反应，使他们提出了进一步的问题，并引发了他们对这些事件有何意义的反思。八卦激发了超越自身经历的故事，将我们与他人联系起来。

八卦也能够显示朋友之间纽带的强度。凯利知道她最好的朋友想听到关于她的一切，但凯利也知道她的朋友还想了解那些她参加了但她朋友没有参加的聚会的所有"内幕"。对于凯利的母亲来说，这些内容似乎是空洞的，她"无法理解这些事哪有这么有趣"，并且责备凯利"花好几个小时反复念叨一堆没意义的事"。但对于凯利和她的朋友来说，关于谁与谁交谈、谁冷落了谁、谁提早离开了聚会、谁留到很晚以及谁喝醉了的信息，都是她们不断拼装又重新排列的社交拼图中的一部分。

八卦也能衡量一段关系中的信任感。当被拉进关于小群体中一个女孩的八卦——蒂娜被那个女孩的哥哥的一个朋友"骚扰"并且"差点儿被他强奸"——温迪体验到了"看到可能发生什么时那种非常恶心的感觉"，但这也让她确信，她是这个小群体中值得信赖的核心成员之一。"她们知道我不会说出去。她们知道我是可以信任的。"

然而，有时即使是朋友也不值得信任，不能把所有八卦和盘托出。有些人对信息的不安感会给他们带来与他人交谈的压力。"我想知道蒂娜发生了什么。我想知道她是否还好。但是当我问她一些事情时，她变得很讨厌。她想知道'谁告诉你的'，我不得不告诉她，结果她就走开了。然后另一个女孩问我：'你认识蒂娜。她为什么这么奇怪？'所以我有点儿想为蒂娜辩护，因为她有充分的理由这样做——我想让另一个女孩也知道要躲着那个男的。我希望别人像我一样讨厌他。我不认为这个女孩会告诉任何人。但我也担心。我害怕如果这件事传开，那些家伙会知道是我说出来的。"

虽然温迪的母亲认为女儿在"为无关紧要的事情焦虑"，但友谊谈话涉及思维延伸练习。温迪努力解决信任、真相和责任的问题。她的难题是："我得到了信任，她们觉得我什么都不会说，但我有责任保护他人免受蒂娜受过的伤害。"她在这个过程中运用了复杂的视角："我的朋友们清楚，我知道蒂娜遭受了袭击，而且她们认为我这个新加入的女孩是最有可能背叛小群体规则的。"她考虑了背景信息如何帮助她理解蒂娜的"奇怪"行为，并寻求情绪管理方面的帮助（她"不得不"告诉母亲这件事，以减轻自己的痛苦）。在青春期，与朋友的社交生活是最重要的，不存在"没什么"或是"不重要"的事情。

但是没有青少年或家长会声称八卦只是一种带来益处的力量。八卦的专用语言——"什么？她真的那样做了吗？"——伴

## 第四章 青少年友谊：孩子交友的益处

随短促的吸气和摇头的动作，蕴含着残酷的社会判断。这些信息会表明什么是可以接受的，什么是不可接受的。这提醒青少年注意声誉，不仅要注意自己实际做了什么，还要注意其他人认为他们做了什么。在任何时候，他们自己都可能成为被其他人"说坏话"的对象。对于脆弱的镜中我，"别人会怎么说我"这个问题总是令人担忧。听到关于自己的负面八卦是一种折磨。

在情绪最容易被点燃的时候，青少年对他人的理解以及对他人如何看待自己的敏感性都会得到发展。比起儿童或成人，青少年对八卦更感兴趣，能从中学到更多，但也更担心成为被八卦的对象。

逐渐提高的社会意识与社交焦虑的融合被称为青春期的"神经生物风暴"。它可能造成严重的破坏，导致一些青少年试图通过伤害他人来避免成为社交受害者。在"大姐大""小太妹"和校园霸凌者的外表之下藏着的，往往只不过是试图驾驭这场风暴的迷茫青少年——这些青少年成了决定别人是什么、应该如何对待他们，以及他们应该被叫什么的独裁者。

无论青少年听到关于自己或密友的小道消息时有多么痛苦，那些不公正故事带来的震惊都会让他们学会反思。青少年了解到故事经常被简化和扭曲，甚至被伪造。然后他们开始反思，就像温迪所做的那样。"我总是会开始思考'在别人眼里这件事会是什么样的'之类的东西。故事总是有两面性的。"

了解友谊谈话为孩子提供了什么可以缓解家长对孩子的不耐

烦。比如，朱迪说："柯丝蒂放学回家时，我听到她对无聊的事喋喋不休。她的话里充满了对'她说了这个'和'有人做了那个'的描述，然后她突然问我是否同意她关于某件事的观点。我想：'什么？这是怎么回事？'我十句话之前就没跟上她的节奏了。"但"对无聊的事喋喋不休"是青少年绘制社交图景的方式。家长越了解孩子的朋友的重要性，就越能让孩子从朋友那里最大程度地受益。

## 数字世界中的朋友

大多数家长和老师都担心屏幕对青少年的负面影响，尤其是社交媒体造成的影响。有人说虚拟世界中的交流会削弱青少年的同理心，限制他们保持专注的能力，并危害他们的福祉，这些都让家长的恐惧升级。英国皇家精神医学院发布的一份关于屏幕对青少年影响的报告中提出了"这会造成什么伤害？"的问题。在对新技术产生的道德恐慌中，"屏幕有什么好处？如何保证能获得这些好处？"的问题消失了。

如果数字交流是有害的，那么对其警惕是可以理解的。在美国，95%的青少年拥有或可以使用智能手机，97%的13～17岁青少年拥有社交媒体主页。大多数青少年每天在各种社交媒体网站上花费超过4小时，近一半的青少年表示他们一天中大部分时间都在线。因此，家长被警告，青少年正在变得肤浅、自恋并产

## 第四章 青少年友谊：孩子交友的益处

生语言缺陷。

从 2020 年开始的疫情期间，家长的这些担忧突然发生了变化。当时更突出的担忧是青少年因社会孤立而面临的特殊危险。在任何时候，孤独对所有人来说都是不健康的，但在青春期，孤独导致风险的可能性要高得多，并可能产生影响更深远的后果。正如我们在前文看到的，友谊往往是焦虑和不安全感的来源，但孤立并不能缓解焦虑。如果失去与朋友的日常联系，青少年的心境和态度都会急转直下。

疫情发生几周后，比起屏幕，科学家和家长开始更担心青少年的抑郁和焦虑。家长、老师和科学家感叹："谢天谢地，幸好这不是发生在 15 年前。"新技术的好处突然变得显而易见。在停课期间，青少年可以与朋友互动、收集信息、讨论八卦、抱怨和开玩笑，同时免受感染。他们每小时都能获得所需的社交刺激，并且可以避免社会孤立导致的人生低谷。他们可以分享和应对对自己和家人健康的新担忧。因为同伴关于学校或工作的计划同样因不可抗因素落空，所以青少年们也能得到心理安慰。青少年持续不断地与朋友一起形成和修改自己的身份，而这些曾经饱受诟病的数字设备为青少年提供了一条生命线。

停课给家长、老师和科学家带来的问题是，根据使用方式不同，智能手机、平板电脑和笔记本电脑会对青少年产生不同的影响。对于青少年，被动地滑动手机，浏览他们不认识的名人、网红或者生活导师的社交媒体内容会使他们进一步孤立，因为他们只是旁观者，并没有真正地参与他人的生活。就像14岁的蒂娜说的，青少年最后会因他人的精彩生活"难以自处"，因而"更深地陷入对自己生活的怯懦"。然而，与朋友的数字交流提供了类似于普通陪伴的东西，并且可以在有限的时间内填补物理距离带来的空白。当这个世界本身似乎比以往任何时候都更可怕时，当青少年缺乏日常的学校和户外活动时，与朋友社交时进行的神经锻炼就可以平息焦虑并缓解无聊。

尽管如此，一些家长仍然对孩子在社交媒体上花费过多时间感到焦虑。他们引述被广泛接受的观点——看屏幕会"重新连接"年轻人的大脑，并问："这不是对他们的大脑有害吗？"

"连接"常用于比喻大脑的通信系统。就像家庭网络是通过由独立电路连接的集群构成的一样，大脑也通过经各种通路发送信号的细胞集群发挥功能。然而，大脑"连接"的一个特点在于，大脑的不同回路会根据我们的行为不断发育，而且这些通路也不断地被创建和修改。使用数字设备确实会"重新连接大脑"，但阅读、跑步、讲笑话或做物理实验也有同样的效果。

"看屏幕"涵盖很多事情，而且虚拟通信也能以多种方式进行。当青少年发现自己与同学不同时，网络世界可以给他们提供一种归属感。菲利普关注了许多聋哑青少年的话题页面，在那里他发现："导致我在学校被当作怪胎的事情太常见了。有些事是关于失聪的，比如如何应对所谓的'同情心'和那些有关我是否天生失聪的愚蠢问题。但大部分情况只是讨论每个人都关心的事情。"患有糖尿病的柯丝蒂在社交媒体上关注了一个活跃的糖尿病社群，在那里她可以直接向糖尿病护士提出问题，而"不用问我妈妈，否则她就会担心并自己去研究答案"。

青少年还会使用社交媒体来尝试表现自己不同的人设。温迪向我展示了表现她性感、有才华、可爱或精致的帖子。她告诉我，她的一个朋友很擅长装扮出"非常强硬的'别惹我'"的样子。在 Instagram 上发帖子或在 TikTok 上发视频是一种休闲活动，她们在那里玩着掌控镜中我的游戏。

当然，朋友也可能以消极的方式给予回应。我将在下一章讨论青少年因为社交媒体而需要面对的新弱点。但社交媒体也不过是互动的一种方式，能够让青少年分享和评论有关朋友、家长、学校、电影、音乐和电视剧的信息。青少年会发布各种信息，这些信息同他们的感受，与家长、兄弟姐妹或朋友的争吵，对学业的沮丧，以及对混乱世界的感觉有关。他们互相分享信息，并共同调节情绪。根据脑成像研究，在通过屏幕看到他人和面对面与他人接触两种情况下，青少年对眼神接触、面部表情以及笑声的反应是相同的。没有什么可以取代青少年与朋友一起坐着、一起走路、一起吃饭、一起听音乐、交流互动，或者一起陷入沉默时从对方那里获得的大量信息，但数字世界也提供了足够的联系，使青少年可以在分离期间保持友谊。

## 总结与练习

与朋友的社交互动对青少年至关重要。很多时候，青少年利用友谊来了解他人以及他人做出决定、开始行动和体验情绪的背景环境。当青少年探索他人的思想时，他们也会反思那些定义自己的思想、信仰和目标之间的联系。

几十年来对青少年的研究表明，当家长了解孩子的朋友时，孩子遭受友谊潜在负面影响的风险就较小。鼓励孩子带朋友回家能够为家长提供了解和监督孩子友谊的机会。

然而，许多家长发现，他们连得到孩子对朋友最基本的介绍都成问题。家长们经常对我说："他把朋友带回家，但他们一直躲在卧室里。我连跟他们说句话的机会都没有。"

有一些简单的方法可以化解尴尬——尴尬正是青少年害羞的原因。第一，表明孩子的朋友是受欢迎的。最好的办法可能很简单，比如直接问候孩子的朋友，用某种方式表达"很高兴见到你"。第二，不要在他们身边打转或表明你问候以后会立即开始谈话（孩子和他的朋友可能会认为这是一种审讯）。

你可以寻找机会来扩展对孩子朋友的了解。一家人去郊游时，你可以建议孩子带一个朋友一起去。这可能会让孩子更乐意和你一起出门，也能使家长在真实情境中看到孩子的友谊。

当你认为孩子的朋友已经在你家待了"足够长的时间"，并且你知道孩子还有家庭作业要做，或者你想让孩子帮忙一起准备饭菜,你可以给他发条提醒短信,比如"你需要在 15 分钟之内到厨房帮忙 / 去做作业",而不是敲门(直接打扰)或是给孩子打电话(你的声音可能听起来像是在大喊)。提前警告能很好地帮助孩子减少"被支使"的感觉。

当孩子和朋友从他们的私人空间出来时,你可以问孩子的朋友"你打算什么时候回家?"这是一种探明孩子的朋友是否受到家长监管的温和方式。

当然,欢迎孩子的朋友并不意味着让孩子和他的朋友在家里随心所欲。青春期的孩子渴望更多的自由,也希望家长能信任他们,但是他们同样需要关于可以去哪里以及几点回家的规定。这些规定应该是明确的、现实的和可执行的。

社交生活对青少年非常重要,但它也可能是身心危险的来源。当一个青少年感到尴尬和受到孤立时,当他觉得可靠的朋友似乎也无法理解他时,或者当某个他曾经信任的朋友背叛他时,他就会陷入低谷。有些低谷就像世界末日。

当家长看到孩子陷入这种痛苦时,他们也会感到痛苦,并且往往想"修正"这种痛苦,或是就让它"过去"。家长会劝孩子"不应该关心这样一个坏朋友"或者"别理他就行了"。但更有效的策略应该是倾听和观察孩子的痛苦,而不是贬低这种痛苦。从局外人的角度,家长可以提供(没有焦虑情绪的)同情,并简单地提供一些补偿性安慰,唤醒孩子的家庭归属感(比如一起看电影、打游戏、吃东西或组装家具）。当家长低调地表明自己会陪在孩子身边，并重新集中孩子的注意力时，孩子就可以在忍受不悦情绪的同时发现这种痛苦并不意味着世界末日。

尴尬感和自我凝视在青少年身上具有特殊的力量。我们已经知道，镜中我是所有人都拥有的、通过对他人如何看待我们的感知（以及对此的害怕和期待）塑造的部分，而青少年的镜中我非常脆弱，因此他们全神贯注于别人对自己的看法。由于对社会性线索过于敏感，青少年经常误解它们。一个常见的误解（将在第七章中更详细地讨论）就是将中性的面部表情"解读"为愤怒或不赞成的表情。因此，青少年会遭受不必要的巨大社交焦虑。在没有人表示愤怒或不赞成的时候，他们也会感觉到这些情绪。

当青少年允许家长看到自己的社交焦虑时，家长应该抓住这个机会与孩子建立联系。与其像许多家长希望的那样，通过"你是在凭空想象"或"你不应该在乎别人的想法"之类的指示来扫除孩子的焦虑，家长不如展开对话，与孩子讨论了解别人的想法和感受有多么困难，问一问"是什么让你觉得自己被拒绝或批评"以及"你认为他们为什么会这么说"。鼓励孩子想想朋友的想法，问一问"有多少人对你有（这些负面的）看法"。在情绪低落时，孩子可能会说"每个人都这样看我"。这提供了一个机会，让家长可以进一步用"你的朋友真的都会这么想吗？你能想到某个朋友最近对你说过的好话吗？"这样的问题提醒青少年，在他现在关注的特定问题之外还有广阔的社会空间。

## 第四章 青少年友谊：孩子交友的益处

青少年的友谊值得尊重。然而，表示尊重并不意味着家长要忽略自己对孩子朋友的看法。下一章我们会对此进行更多讨论。帮助孩子选择值得信赖的朋友是家长最重要的任务之一。然而，在青春期，家长需要采取一种相互妥协的方法提供帮助：只有当家长的意见被塑造成温和的假设时，这些意见才会被青少年容忍。"我认为露西在这件事里起主导作用，是这样吗？""乔会像你那样，为了你改变计划吗？"像这样向孩子提出一些他们可以思考的问题，并表现出你对他们的反应感兴趣，比直接把你的想法告诉他们要有效得多。

第五章

# 同辈压力：
# 孩子交友的风险

"我就是那么做了，没有为什么。"

我们已经知道了友谊如何鼓励和引导青少年的心智和情绪成长，但家长还是会把"同龄人的影响"列为他们最担心的几个问题之一。他们的担心是多余的吗？

答案是"不"。在整个青春期，朋友会增加一个通常值得信赖的青少年变得不再稳定的风险。青少年违法或喝酒的可能性与他们朋友的行为密切相关。因此，许多家长将孩子的友谊看作最担心的问题也就不足为奇了。

当孩子进入青春期后，家长都会面临孩子应该和谁交朋友以及允许孩子与朋友一起做什么活动的问题。"不，你不能跟朋友去那里，不安全""我不关心别人的家长让孩子做些什么"是家长在生活中常对孩子说的话。而且，孩子在青春期时会抵抗家长的控制，因此这种常规的对话往往会演变成冲突。

林恩有一个14岁的儿子，名叫亚伦。林恩在听到自己因愤怒而变得紧绷的声音时就会发抖。"当我禁止他和其他男孩见面时，我就会听到自己发出我母亲的那种声音。我自己在青春期时就恨极了这种声音,但我不知道还能怎么办。那些他当作朋友的人都是大麻烦。我已经无计可施了。"

在这一章中,我们会看到为什么家长会觉得"无计可施",以及为什么家长在孩子与朋友在一起时对孩子进行保护和监控是非常困难但也是非常必要的。

## 青少年朋友的"危险栖息地"

家长通常害怕孩子的朋友会给孩子带来坏影响。每位家长都为自己的假想情况感到困扰。他们担心一些最可能威胁青少年福祉和未来的事情,包括接触可能致命的危险品或是进行危险的飙车挑战。所以家长会建议孩子"不要让朋友把你引入歧途"以及"不要向朋友让步"。家长给出这些建议是合理的,但他们忽略了在关于朋友的事情上做出正确判断的关键因素。

青少年有时确实会彼此哄骗、胁迫或霸凌,但导致这些行为的压力更有可能来自青少年在朋友的陪伴下自身大脑发生的变化。无论年龄大小,所有人都喜欢社会奖励,比如表扬、钦佩,甚至是简单的关注。但是,正如我们在第二章中看到的,青少年对奖励的渴望很容易被激发,却又不那么容易受到控制。再加上青少年对别人如何看待自己极度敏感,看起来"很酷"可以成为他们做任何事情的强大动机,避免看起来"不酷"则是更强大的动机。

虽然青少年的智力水平使他们完全有能力评估危险活动的风险，无论是超速驾驶还是吸烟。但朋友的陪伴形成了一个"敏感区"，在这个"敏感区"中，青少年的行动被冒险的刺激和给朋友留下深刻印象的喜悦主导着。取悦朋友、获得他们的赞赏或关注、给他们留下深刻印象的冲动，并不是因为孩子的朋友把他们引入了歧途。这种冲动来自青少年的大脑。

例如，当青少年做司机独自驾车时，他们就和普通成人一样明智可靠；但当青少年和朋友在一起时，他们就更有可能酒后驾车、超速、不系安全带。车里每多一个朋友，青少年所冒的风险就会增加一分。如果车里有一个朋友，青少年司机发生车祸的风险比成人高出 40%；如果车里有两个朋友，该风险会增加 80%；如果车里有三个或以上的朋友，他们发生车祸的风险就比成人高 300%。与朋友在一起时，青少年在车中死亡的可能性要比平时高出 4 倍。

心理学家劳伦斯·斯坦伯格花了几十年时间研究青少年的不良行为，尤其是他们的冒险行为。斯坦伯格和同事监测了青少年和成人在玩驾驶游戏时的大脑活动。这本质上是一款电子游戏，玩家必须快速做出决定：在红灯前停下来，还是冒险超速通过十字路口。他观察了青少年们在两种情境下玩游戏的情况，一种是自己玩，一种是在有朋友在场时玩。

当青少年和成人分别独处时，他们玩游戏的方式没有什么不同，但当朋友在旁边观看时，他们玩游戏的方式就大不相同了。

## 第五章　同辈压力：孩子交友的风险

不管身边有没有朋友，成人"开车"的方式都是一样的，但青少年在朋友的注视下会选择冒更大的风险，比如闯红灯。后来，斯坦伯格发现，青少年的朋友甚至不需要在施测房间里就能发挥影响力。对青少年来说，被告知"想象你的朋友在这里"就足够了——青少年的冒险行为马上就会升级。斯坦伯格写道："大多数人认为青少年与朋友相处时更鲁莽是因为同辈压力（peer pressure），也就是说青少年会积极鼓励彼此冒险。事实证明，同辈压力不一定是罪魁祸首，只要知道朋友就在附近，青少年就会更多地冒险。"

所谓的"社会脑"是由大脑中的几个区域组成的。它有一个复杂而广泛的心智化部分，它能弄清楚别人在想什么；有更原始的情绪部分，拥有活跃的奖励中枢和快速响应的能力，以评估对方是朋友还是敌人；此外还有一个区域对社会接受或排斥非常敏感。当一个青少年被要求思考关于朋友的事情，或者想一想自己被喜欢、被接受或被拒绝的情况时，大脑的这些部分都会被激活。关注、刺激、荣誉这些对冒险行为的回报，青少年大脑对它们极度敏感，因此控制中心很容易受到抑制，产生一个使平时理智和负责任的青少年也变得不稳定的"敏感区"。

酒精是青少年良好判断力面对的另一个风险。饮酒会影响每个人的判断力，无论是成人还是青少年，但青少年尤其容易受到其不良影响。"我知道他会在那些派对上喝酒，"迪伊谈到她17岁的儿子西蒙时说，"所以我告诉他：'只要你对自己负责任就没问题。弄清你自己在做什么。留意情况，你知道的，就是别不省人事。'他说：'当然了，妈妈。我又不傻。'但随后他就会醉得一塌糊涂地回来，完全不记得事情，第二天早上难受得要命。"

西蒙并不笨，只不过作为一个青少年，虽然他的大脑比成人的大脑对酒精更敏感，但他也更不容易注意到酒精的影响。当西蒙喝的酒只有成人喝的一半时，他醉酒的程度就会比成人高一倍。所以当他坚持说"我没喝那么多"时，他很可能说的是实话，但这并不意味着他没喝到足以让他醉酒的量。青少年不仅很难追踪自己和朋友在一起时喝了什么，而且会用不适合自己的标准来衡量"够了"和"过多"。

成人也不会用现实尺度来衡量青少年的行为。莱恩说，当他16岁的女儿苏菲被指控在和朋友外出过程中偷窃时，他"非常困惑"。当贝亚看到警察带着15岁的儿子拉维找上门，并报告说他和朋友损坏了别人的汽车时，贝亚"感到羞愧和愤怒，就像有人把我的内脏踢了出来一样"。她说："我的第一个念头是'这不可能，做那事的不是我儿子'，但后来我看着他，发现这就是事实。这个男孩怎么了？他是谁？"

贝亚的儿子既是她所了解和爱的男孩，也是一个有着良好价值观、能够关心和尊重他人的男孩，同时还是一个大脑奖赏中枢高度活跃、容易被压垮的青少年。社会奖励带来的兴奋和大脑中暂停按钮的低效在青少年友谊中创造了一条断层线，导致聪明而明智的青少年做出极其愚蠢的事情。然而，在我们生活的社会里，根据法律规定，年龄较大的青少年应该与成人受到同等的约束。

许多心理学家呼吁对司法系统进行改革，他们指出，所谓的不良行为或典型的年轻人犯罪（如破坏公物、盗窃和袭击）发生的数量在青春期达到顶峰，然后在成年后迅速下降。事实证明，80%被指控有不良行为的青少年到24岁时是完美的公民。如果孩子因为一次冲动行为就被起诉，任何家长都会指出，未能考虑青少年大脑中"敏感区"影响的法律体系是有害的。

## 来自同伴的性别压力

家长们告诉我，他们希望孩子能忠于自己、表达自己的观点、追求对他们有用的目标，不论孩子是哪种性别。对于性别规范，或者要求女孩应该做什么、男孩应该做什么的社会规则，以及适应性别角色的需要，现如今的家长们都表现出了不满。家长希望给孩子提供更多的选择。但他们常常发现，青少年身处的社会环境削弱了他们所鼓励的宽容。

性别在青春期有了新的重要性。如今青少年的性发育是可见的和不可避免的。当老师和家长抱怨电影、电视节目、社交媒体和广告中的性别刻板印象时，他们往往忽视了某些青少年对其他青少年的影响——他们制定规则，并通过取笑、聊八卦或直接谴责来执行规则。

> **读懂青春期孩子的成长信号**

在童年期的早期和中期，朋友群体往往是按性别划分的。如果处于这个阶段的男孩试图加入女孩群体，那么他们通常是想要恶作剧；如果一个女孩试图加入一群男孩，那么她很可能会被拒绝。到了青春期，两种性别的青少年都对什么才是好的友谊有着独特的准则或规则。那些不认同自己属于某一性别或者对自己的生理性别感到不自在的青少年，尤其对这些规则感到不舒服。但所有的青少年都知道不遵守这些规范会带来什么风险——被他们所属的群体排斥。

对于青春期女孩，互相赞美、肯定对方的外表和性格、做对方的"友谊镜子"都是成为好朋友的重要标准。十几岁的女孩会赞美朋友的皮肤、容貌和衣服，并对朋友的外表表示肯定。例如，她们会对朋友说"你穿那件看起来很棒；不，你看起来一点儿也不胖"，或者"我从这里看不见一点儿瑕疵，而且我离你的脸只有十几厘米"。十几岁的女孩也会赞美朋友的性格。她们用逐渐加深的对人类的理解来点明朋友身上那些可能她自己都没有注意到的品质。当多里欣赏凯利的勇气和幽默时，凯利也看到了自己身上新的品质。

青少年很多时候培养友谊都是为了控制彼此的自我怀疑，而这种怀疑会随青少年日益增长的道德敏感性而加剧。这可能包括更正一个朋友讲述的关于他自己的故事，或者反驳其他人讲述的关于某个朋友的故事。当16岁的凯利觉得自己"搞砸了"时，她需要和朋友桑迪谈谈。凯利解释道："桑迪总是会倾听我说话。

## 第五章 同辈压力：孩子交友的风险

然后她会说：'不，你没有搞砸。你做得对。我不明白你妈妈为什么说你不体谅别人。'或者说：'你对那个女孩并不刻薄。你很诚实。她应该对此表示感激。这是她的问题，不是你的。'"

在朋友们的共同努力下，这个故事从凯利应该受到指责变成了她应该得到赞扬。我们会在生活中反复使用这种技巧，无论是在我们的内心对话中，还是在我们与亲密的朋友反复思考诸如"我公正吗""我做得对吗""他批评我对吗"的问题时。不论年龄有多大，我们都会有为自己是否做了"正确的事情"而感到不安的时候，但成人或儿童感受到的不安无法与青少年经历的强烈焦虑相比。友谊可以帮助青少年消除这些焦虑，但在这样做的过程中，他们要遵循行为准则，而其中许多是严格和具有约束性的。

凯利发现她能告诉最好的朋友的事情是有限的。"有时候我真的非常非常讨厌我妈妈。我是说，我会做五分钟白日梦，想象我杀了她。这很糟糕，是的，我知道，我知道。但你说过，你只会倾听，不会谴责。对吧？我有一个朋友也会听我说这些，而且在我说这些话后，她不会把我列入黑名单。至少我是这么想的。但当我告诉她我怎样陷入这种疯狂的仇恨时，我以为她会说'哦，每个人都这么想'，但她的表情似乎僵住了，看我的方式也完全变了。我感觉就像从悬崖上掉了下来。我试着把那些话收回来，我说'其实不是那样的，我的意思是，这真的很极端'。然后我们的关系似乎回到了不错的状态，但这表明有些事情我真的不

· 109 ·

能告诉她。这些事情让她觉得她不该认为我是个好人。"因为分辨出感受究竟是什么在处理感情时非常重要，所以一段必须压制感情的友谊会让人感到羞耻——认为真实的自我是不可接受的。

同样，八卦也包含许多关于行为准则的提醒，尤其是性别规范和性行为。"她是个荡妇/渣女/婊子"这种话不仅仅是对被八卦对象的攻击，它还提醒了每一个听到八卦的人：某些行为会招致朋友的鄙视。与之类似，"她太自以为是了""她就会吹牛""她以为穿双假名牌鞋就成了真的贵妇了"这些话则表明，这个群体认为吹牛是一种应受惩罚的行为。

在女性的友谊准则中，朋友之间不互相批评，也不相互竞争。这些女性准则不仅会限制和扭曲友谊，还会影响青少年对自己的看法，让她们觉得"我对我的朋友有这么消极的看法，我真坏""我一定是个坏人，真的""我不能去当校报的编辑，因为那将会冒犯我的朋友，让她生气，我知道她想去当校报编辑"。或者，这些准则会使她们因为想变得"像"朋友而避免选择朋友认为"太书呆子气"的科目。顺从的后果是很严重的，尤其是对于那些对社会交往的细节极其敏感的青春期女孩来说。老师和家长报告说，即使只是发生很小的冲突，女孩们也会因此变得非常心烦意乱，在冲突中折腾好几天，花费时间和精力去厘清发生了什么、谁说了什么、谁是对的。

十几岁的女孩将个人勇气、敢于说出自己的想法、不畏惧任何阻力的能力列为她们最欣赏的别人身上的品质，这表明她们对"好女孩"刻板印象的抵制。但在友谊问题上,她们又害怕发生冲突,希望自己符合女性心中"从不争吵的好朋友"的理想形象。她们因此面临两难境地,需要在社会排斥(青少年抑郁的常见诱因)和对自己的想法保持沉默之间做出选择——这也是抑郁的一个诱因。

## 青春期男孩友谊中的同辈压力

人们常说,女孩的友谊比男孩的友谊更亲密、更私密、更复杂。这种说法并不正确。男孩也会建立亲密的友谊。在与朋友一起玩或打篮球时,他们会彼此交谈数小时。和女孩一样,男孩的谈话内容大多是八卦或交换关于其他人正在做什么的信息,无论这些信息涉及他们的朋友、学校的普通同学,还是体育明星或其他名人。和女孩一样,当某些性别规则被打破时,男孩因获得归属感产生的喜悦也会产生负面的影响。

听着男孩们的声音,威廉·波拉克意识到:"男孩们向我描述过,他们在生活中每天都会收到些隐秘的消息,说他们不符合规范。但他们觉得必须掩盖自己对自尊心下降感到的悲伤和困惑。"波拉克发现,在很小的时候,男孩就被警告,不能"软弱"和"黏人",甚至不能"有爱心"。

然而在青春期早期,男孩的友谊违背了这一男性准则。14岁的男孩会建立温暖、热情的关系,他们在其中自由地展示自我怀疑和脆弱。他们并不是直接挑战男性准则，而是在友谊中忽略了这些准则。他们用来描述友谊的语言就像女孩的语言一样充满了爱和亲密。像女孩一样，男孩会因为朋友"提供安慰""忠诚""有同理心"而歌颂他们。这些青春期男孩也会公开表示自己需要朋友。一个男孩告诉心理学家尼俄柏·韦，如果没有朋友跟他说话，他会"发疯"。因此，青春期男孩会无视强调自主和自立的大男子主义准则。

然而，在青春期后期，在16岁左右，性别规范的限制就收紧了。男孩不再那么轻易公开地谈论他们的依恋。尼俄柏·韦对男孩友谊进行了原始而敏锐的探索，他观察到年龄较大的男孩怎样因自己的柔软感受僵住、害羞或退缩，而不是向朋友透露这些感受。他们坚称"我不是同性恋，也不是别的什么"，然后就切换话题，缄口不言或者开始开玩笑。被提问时，他们会耸耸肩——就像他们的家长熟悉的那样，做出一种烦躁的，而且通常是无声的耸肩动作，暗示"无所谓""我真的不想谈""反正我也不知道"。

这种不适感也会影响朋友之间的私密谈话。当一个青春期男孩开始告诉朋友，对方在自己心中有多重要时，朋友会警告他不要"这么感性"。很快，这种柔软感情就会被否定和嘲笑。那个在青春期早期称赞朋友"善解人意"的男孩，现在却称赞朋友坚强、独立、无所畏惧。当这些品质成为理想时，青春期男孩对自己的"不合格"会变得极度敏感。

## 第五章 同辈压力：孩子交友的风险

一些男孩发现，绕过这种性别限制的途径之一是与女孩建立友谊。在童年期友谊中严格执行的性别隔离到了青春期中期有所缓解。因为对女孩表现出浪漫、情意绵绵甚至温柔而被嘲笑，不会像温柔或"感性"地对待其他男孩那样，对一个男孩的男性准则构成威胁。异性友谊为情感发展提供了新的途径。然而，在这一点上，感到担忧的是男孩的家长而不是他们的朋友。一些家长很难不将跨性别的友谊视为性吸引的伪装，从而过度监管这种亲密关系或对此冷嘲热讽，并且不明智地切断这种来自亲密交流的、对青少年大脑极为重要的血液供应。

## 新技术加剧旧危险

在前一章中，我强调了通过虚拟联系、短信或社交媒体进行数字交流的好处。然而，在某些情况下，家长对数字交流（尤其是社交媒体）危害的担忧是有道理的。

家长们最担心的是网络霸凌的风险，其范围可能从随意的贬低（"这个差劲的女孩在嘲笑谁？"）到威胁（"我们都应该攻击他。"）。负面、恶毒评论（通常是匿名的）的特殊力量让网络霸凌者更起劲。正如15岁的娜奥米解释的那样，网络霸凌来自"那些你不认识，但自认为可以诋毁你的人"。"而且，说不定那些评论就是你认识的人发的。但你永远不知道他们为什么攻击你。"我问她，如果发恶毒评论的是陌生人，她的感觉会不会好一些——毕竟，如果对方不认识你，或者只是无缘无故地攻击你，忽略他们不就更容易吗？她回答："不，那就更糟了。因为你不知道自己能改变些什么。而且那就不是针对一件具体的事情。某种程度上，他们是在说你的内心深处很可耻。"就像15岁的戴安娜说的："这就像有人直接朝你吐口水。"

89%的13～18岁的青少年表示收到过嘲笑、诋毁或是威胁的信息。超过一半（55%）的青少年认为被霸凌是自己面临的主要问题。即使他们自己没有经历过，也会看到霸凌对朋友的影响，并且知道霸凌在某种程度上会影响到他们。

家长经常劝孩子"不要看，忽略它"，但是，正如13岁的尤安告诉他母亲的那样，这个建议是没用的。"忽视正在发生的事情只会更糟糕。就算他们说，你是个可悲的混蛋，应该'去上吊'，但至少你知道最坏的情况是什么了。这起码比别人都知道你是被攻击的目标，而你什么都不知道就出现在学校强。"对于青少年来说，忽视社交媒体很快就会让他们感到被排斥。

家长常有的另一个担忧是，在孩子心中，屏幕取代了现实世界的优先地位，孩子因此失去对周围对话和活动的关注。加思的母亲阿曼达说："他在十三四岁的时候就经历了这个阶段。那时他每天盯着屏幕看六个小时。我不得不从他手里抢过平板电脑，让他停下来。可这会让他暴怒。他会说'我恨你！'而且毫无疑问，他是认真的。"

数字活动的设计目的就是吸引并保持注意力。这类活动提供

## 第五章 同辈压力：孩子交友的风险

刺激和愉悦，促进肾上腺素和多巴胺（刺激和奖励的激素）的结合体产生，从而又促使人重复进行此类活动。因为电子游戏和社交媒体提供了一种充满兴奋和刺激的"激素鸡尾酒"，所以它们在优先级上取代了通常只能提供慢热奖励的复杂现实世界。

15岁的加思已经不再痴迷游戏了，但一年前他和母亲阿曼达经历了一场关于屏幕使用的可怕斗争。阿曼达解释道："我们动手了，打得很厉害。我把平板电脑从他手里抢过来，然后他大吼'别抢！'太可怕了。为了纠正他这个坏习惯，我付出了巨大的努力和决心，在地狱里煎熬了72个小时——他把自己锁在房间里，踢墙、大喊大叫，用各种各样的话骂我。"

青少年可以通过电子游戏发展一系列有用的技能，但这些游戏精心设计的诱惑（有时被称为上瘾）来自可预测的挑战和可靠的快乐——不像现实生活中那些严峻的问题。为什么要投身于这个混乱的世界呢？在现实世界中，你无法重新经历任何事情，无法追踪自己不断提高的技能，永远无法完全了解规则。而在游戏世界中，你就可以完全沉浸。

关于使用屏幕的第三个担忧是，社交媒体会让青少年更容易受到社会规范的影响。这些规范可能会限制他们的目标，损害他们的自尊。正如我们已经看到过的，青少年正在建立、拆解和重建自己的身份。他们会问"我是谁"和"我还好吗"，并求助于他们的朋友。他们模仿那些走路"很酷"、散发出自信的朋友。他们会尝试模仿某个朋友的动作，因为他们相信，其他人都会对自己印象深刻。他们也会模仿某个朋友的妆容和发型。青少年很容易相信那些看起来很酷、很自信的人其实内心也很酷、很自信。但随着时间的推移，他们也有机会在面对面交流中看到这个朋友在现实中的瑕疵，最初理想化的观点会因此转变——有时变为失望，有时变为更微妙的钦佩。而社交媒体几乎没有提供任何检验现实的机会。

社交媒体的生命来源是肤浅和吸引力。浮华绚丽、悦目表演、故作姿态、精致背景和去除瑕疵的滤镜设定了一个任何人都达不到的标准。青少年试图通过发布精心呈现的自拍照来让自己与这些标准相匹配。这些照片通常是他们自己用智能手机拍的，接着他们会在社交媒体上分享。然后青少年的镜中我会问其他社交媒体用户："我看起来强硬/性感/有魅力/英俊/强壮吗？"青少年从他们认识的朋友那里寻求答案，也从只了解他们匿名简介的"粉丝"那里寻求答案。他们帖子上的"赞"或评论成为衡量他们自身被接受度和价值的标准。

这并不是说青少年没有意识到社交媒体上的图片是被修改过的。问题是，即使他们知道图片不是真实原始的，他们对这些图片的反应也像它们是真实的一样。在一项研究中，一个十几岁的女孩谈到了别人戴上的"面具"，而她在发布自己的照片时也戴上了"面具"。青少年知道这些照片是经过编辑的，但是，就像利巴告诉我的那样，"他们看起来容光焕发"。"我的天哪！"她一边浏览动态，一边惊呼道，"如果我看起来能像这样不是很棒吗？"

## 第五章　同辈压力：孩子交友的风险

小说家玛丽安·凯斯说："我无情地把自己的内在和其他人的外在进行比较，发现我总是自愧不如。"这触动了青少年的神经。16岁的卡丽口齿清晰，但仍然无法抵挡虚假的诱惑。"人们会在社交媒体上对别人做很多假设，却不知道真相。这让我在错误信息的基础上产生了疯狂的想法。"但是她所知道的和她所感觉到的并不一致。她浏览着那些使关于完美镜中我的幻想越发膨胀的图片，对自己的身体和人格越来越不满意。

青少年知道这些照片是不真实的，但还是把它们作为评判自己生活和外表的标准。如果青少年发在社交媒体上的照片吸引了很多朋友的"赞"，就会让他们大脑的奖赏中枢兴奋起来。所以他们会想象，如果自己的帖子获得了这些赞赏，他们会有多开心。社交媒体滋生嫉妒的特性破坏了青少年的自我满足感。

令人惊讶的是，很少有研究人员或政策制定者通过问"如何改善青少年对社交媒体的使用方式"来解决对社交媒体的担忧。管理社交媒体危害的最常见方法是限制屏幕使用。但是，正如许多家长告诉我的那样，限制青少年使用社交媒体时间的努力会败给令人筋疲力尽但收效甚微的争论和反驳。无论如何，让青少年远离社交媒体似乎并不能让他们增添快乐或减少焦虑。如果你问一个青少年，他会告诉你："没有社交媒体，我就没有社交生活。"如果没有社交媒体，青少年就不知道他们的朋友在做什么，也不知道他们要和谁见面，也不会收到告诉他们关于见面的时间和地点的提示。

如果限制屏幕使用不起作用，那还有什么办法吗？

2019年，我与教育慈善机构"女性领导"合作，探索我们能否以某种方式施加干预，以减少社交媒体对青少年自尊的负面影响。一开始的数据显示，青少年（尤其是青春期女孩）在社交媒体网站上描述自己和自己的兴趣时，使用的词汇有限而浅薄。她们专注于美容、化妆、生活窍门和男子乐队。十几岁的男孩在使用社交媒体时表现出的兴趣更广泛，但他们也会关注自己看起来有多么的"酷"、自信或性感（以及展示出对女性的轻蔑）。

为了得到"当青少年使用社交媒体时，我们能做些什么来改变他们狭隘肤浅的关注点？"这个问题的答案，我们（"女性领导"和我）必须设计一个青少年真正会去做的练习。这意味着我们不能要求他们控制花在社交媒体上的时间。相反，我们只是简单地要求他们，从我们发给每人的账号列表中选择5个关注。这个列表中包括我们认为是积极榜样的人、做有趣事情的人、追求卓越的人和想为他人生活做贡献的人。

发给每个青少年的列表都是根据他们的兴趣和愿望量身定制的。在对每个青少年的初步采访中，我们了解了他们关心的是什么，以及他们如何看待自己的未来。我们请他们告诉我们，他们崇拜谁，为什么崇拜那个人。根据这些信息，我们列出了他们平时可能在社交媒体上关注的人的名单。8个月后，我们再次见到这些青少年，并再次询问他们如何使用社交媒体。我们对他们的转变感到惊讶和高兴。

## 第五章 同辈压力：孩子交友的风险

　　参与这项测试的 28 名女孩仍然使用社交媒体与朋友联系，以及获取头条新闻和名人八卦，但她们也用它来探索更深层次的兴趣。17 岁的莱拉说："关注这些人使我产生了完全不同的观点，因为这不是——好吧，显然这也是在社交媒体上，但这些内容并不是展现物质方面的东西。这些内容是关于人们做的真正的好事……我过去不知道社交媒体可以用来做这些。"15 岁的特雷莎一直在关注我们推荐的一位音乐会钢琴家，她因此深入了解了钢琴家日常演奏练习中的压力、苦恼和乐趣，这是她以前"不知道的"。在解释这些帖子如何启发了她时，她说："这些人中有的人很漂亮，但这不是重点，因为其中也有一些人并不漂亮。激励我的是一位女士，她上传视频展示自己日复一日的练习，以及她如何为比赛做准备。你能看到她达成一个个目标，并持续努力。我想世上的事情就是这样的，事实上她也并没有一开始就占优势，而这激励了我。"

　　这些青少年告诉我们，他们从那些在社交媒体上发布自己正在做的事情的细节，并介绍为什么这些事对他很重要的人那里学到的东西最多。他们对那些展示获得成就过程中发生的日常琐事的帖子很感兴趣，包括在追求目标过程中遇到的失误和挫折。如果让青少年在内容和风格之间做选择，他们会选择内容。

　　但改变青少年社交媒体使用方式的不仅是我们发给他们的用户列表。社交媒体平台内置的算法（根据何种内容会吸引用户注意力的评估结果来管理哪些帖子出现的计算法则）能够扩展而不是限制青春期女孩的视野。当16岁的阿梅莉亚在社交媒体上关注了一位有抱负的宇航员时，她被引导到NASA（美国航空航天局）的网站，并成为"NASA探索"栏目的粉丝。她告诉我们："这就像将一系列事件联系起来的钥匙链。"

　　社交媒体是一个相对较新的现象，研究人员才刚刚开始研究它对青少年健康的影响。与任何新技术一样，它也可能被滥用，从而压抑青少年的情绪和限制他们的兴趣。就像垃圾食品一样，它提供了短期的快乐，却让使用者感觉很糟糕。将青少年从社交媒体中解救出来似乎是徒劳的，目前从这种依赖中受益的公司似乎没有什么动力来改善它的影响。但是，通过向青少年介绍一些展示真实愿望和成就背后的日常努力，以及其中的挑战和失望的用户，家长和老师就可以将"只有垃圾食品的饮食习惯"转变为"健康饮食"。通过这种方式，那些往往用来强化青少年更简单和肤浅兴趣的算法就可以被重置，以支持他们更好的一面。

　　在参加了我们的练习后，许多青少年，比如利拉和苏贝塔，决定"清理他们的社交媒体动态"，并取消关注那些"让他们失望"或让他们"处于糟糕境地"的人。青少年意识到，对于许多他们一直在关注的人，他们都只是羡慕但并不钦佩。青少年还使用"奉承狂"这个词来描述自己"痴迷"或"沉溺于一种对实际上很肤浅的东西的嫉妒"的状态。但在关注他们看重的人时，这些青少年就不再感到嫉妒了。相反，他们会感觉受到了鼓舞。

第五章　同辈压力：孩子交友的风险

## 共同调节的必要性

　　孩子青春期的"敏感区"和"压力点"对家长来说是最大的挑战。青少年将生活视为一场冒险，并将自己视为探险家。孩子对陌生人的恐惧变成了好奇和被吸引。而他们熟悉的家庭中舒适的日常生活似乎变得令人窒息。探索带来的兴奋占据了主导地位，而安全和正确的判断被抛在脑后，并被朋友的存在取代。

　　青少年还需要很长一段时间才能可靠地控制自己的冲动、做出合理的风险评估、理智地解决问题，以及可靠地维持以目标为导向的明智行为。这组被称为"自我调节"的技能在24岁左右才会得到巩固。而在这之前，反应性强、渴望奖励的青少年大脑还需要有人陪同。家长可以利用自身持续的影响以及青少年持续的爱和信任，共同调节青少年激烈且反应性强的情绪系统。

　　共同调节是一种近乎神奇的安慰，当所爱之人对我们的内心世界表现出好奇和热情时，这种安慰就会出现。无论我们的情绪多么混乱、想法多么令我们痛苦，我们都能在他人的理解和陪伴下变得平静。当家长表现出他们愿意分享孩子的观点时，他们就可以调整和强化孩子忙乱且过度紧张的大脑。当家长指导孩子说出他们的感觉和想法时，家长就是在帮助孩子进行更高层次的大脑活动，从而减轻恐惧和奖赏中枢里那些更原始的冲动。家长可以提供一种关系，在这种关系中，孩子可以安全地畅所欲言，吐露与群体相悖的想法，体验压力和痛苦。由此，家长也就支持了孩子的自我调节，帮助他们管理自己的情绪和思想，直到他们足以做出与朋友分开的决定。

我们已经看到了，那些"把孩子放在心上"、帮助孩子驯服那些逐渐变得不可忍受的情绪并分辨它们的家长能够为孩子提供怎样的镇静作用。共同调节是"把孩子放在心上"的副产品。更常见的一个说法是"陪在孩子身边"——承认孩子的感受，想出一种能够使孩子的伤心和困惑可控的方法，从而使他们自己反思并最终解决问题。这样做具有挑战性，因为青少年的感受会影响家长的感受。诸如焦虑、绝望和热情的高情绪唤起状态具有传染性，但通过保持稳定、耐心，以及对孩子说的话保持开放态度，家长就能调节孩子的强烈情绪。家长的平缓呼吸、耐心和接受会降低孩子的唤醒水平。

与儿童相比，青少年对共同调节的需求更不明显，也更复杂。虽然一个拥抱可能无法再像童年时那样给他们一种"一切都好了"的感觉，但某种形式的身体安慰仍然非常有效。拥抱或依偎仍有作用，牵手或按压肩膀甚至也会有影响。后两者在一定程度上是一种同情姿态，也是提醒青少年注意他们的身体。在情绪起伏的时候，青少年有可能忘记自己身体的存在和舒适。因此，青少年会觉得"魂不附体"或"天旋地转"。肢体接触会让他们找回对身体的实在感。

但有些感到痛苦的青少年正身处"敏感区"，这让他们不能容忍被人触碰。在这种情况下，家长仍然可以"陪在孩子身边"，比如和孩子待在同一个房间里，伸出手，但不实际接触孩子，并且即使孩子拒绝拥抱也保持冷静。

作为家长，养育青少年最难的任务之一就是学会一套新的反应模式。能安慰儿童的东西不一定能安慰青少年，以前用来安抚儿童的话语可能会激怒青少年。此外，青少年本身也在变化，所以家长可能不得不一遍又一遍地学习新的技巧。共同调节的具体表现形式多种多样，但总是涉及温情、对青少年感受的关注，以及保证自己不会被他们压垮。家长的共情、关注和安抚为稳定青少年的不稳定情绪提供了支撑。

## 总结与练习

正如我们所看到的，青少年形成了友谊的部落。他们互相学习、互相模仿。有时候，加入一个部落的需要超过了寻找一个与青少年有相同价值观和兴趣的部落的需要。在信任的同时保持辨析能力非常重要，以至于在许多心理学家看来，判断谁值得信任是家长可以教给孩子的最重要的事情。

引导青少年明智地信任他人的第一步是提升他们个人的勇气——在朋友面前说出自己想法的勇气。这意味着我们也必须容忍孩子在家中直言不讳。即使孩子表达了对家族、民族或政治的看法，我们也必须倾听并尊重他们。我们需要理解和探索青少年的想法，而不是对他们施加惩罚。

要表达你对孩子的关注并为孩子的观点赋予一些权威，你可以使用这样的说法：“我不知道你是这么想/感觉的。”"我不确定我理解了。你能告诉我更多吗？""你显然已经仔细考虑过了。我也需要考虑这个问题。"

当家长对孩子的个性表现出宽容，甚至为其感到高兴时，孩子就更容易面对来自同龄人的压力。你向孩子传达的信息是："做你自己，与众不同不会威胁到你与他人的联系。"但有时家长会对孩子的新身份感到不安。"你一直是个可爱的小女孩。你为什么要隐藏你的女性气质？"琳达这样问她15岁的女儿黛安娜。

家长对于孩子会成为什么样的男性或女性抱有期望，这大概不可避免。青少年经常试探这些期望，而如果家长拒绝改变他们的期望，亲子关系就会受到影响。家长表现出了解孩子想法的意愿，即使是关于简单的事情的想法，诸如孩子选择穿什么衣服、想做什么样的发型，或者成为一个男性、女性抑或二者皆非对他们来说意味着什么，都会非常有助于家长维护亲子联结，以及帮助孩子抵抗关于遵守部落中的风格、特质和人格面貌的同辈压力。

当青少年的家长需要谦逊。就像青少年总是很快会提醒我们的那样，家长并不总是正确的。青少年的需求和想法有时变化太快，家长无法追踪。家长现在需要倾听孩子的不同意见和偏好。当孩子能够表达这些而不会受到家长的鄙视（"你怎么敢这么说！"）或否认（"你怎么会这样想！"）时，他们就更有可能在朋友面前坚持自己的立场。

## 第五章 同辈压力：孩子交友的风险

对于孩子和朋友一起冒险的行为，家长能做些什么呢？

冒险是青春期不可避免的一部分，但家长可以通过监督青少年受到的限制来管理风险。如果允许青少年冒太多险，他们就会习惯于那种程度的风险，而下一层级的风险似乎就不那么严峻了。他们越是习惯于冒险，潜在的危险就越会升级。这意味着每一次避免风险都是一次重大的胜利，让青少年能够更可靠地评估风险。

正如我们前面提到的，朋友的影响可以是积极的。有时朋友们会互相帮助，保护彼此的安全，并给对方勇气来避免风险。鼓励你的孩子去思考朋友是否能把他的最大利益放在心上。问问孩子："你的朋友听你的话吗？""你能对朋友说出你的想法吗？""你能拒绝朋友的请求或建议吗？"这些问题不应该一个接一个地抛出，而应该在时机恰当时将其夹杂在一系列问题中提出。与孩子进行真正的对话需要家长进行观察和等待。在孩子似乎愿意交谈时，就向前推进；在他们太急于交谈或需要时间私下组织想法时，就尊重他们并退让。

青少年对学习有关情绪调节的科学很感兴趣。理解青少年自我调节中的特殊挑战有助于理解他们无尽的能量和冒险的欲望。对青少年大脑的科学研究还说明了为什么容易陷入"敏感区"的青少年需要在自由程度方面受到限制。在这种情况下，家长对某种控制的坚持似乎变得更合理，也不像是针对他们个人的了。

通过奖励来进行控制是最有效的："如果你表现得负责/明

智/细心，你就能被允许做更多事情。"针对孩子鲁莽行为的后果，将必要的惩罚和他改进时给予的奖励结合起来，惩罚才会是最有效的："你把车弄坏了，你要通过这种方式来补偿。如果你这样做了，并表现得更负责更谨慎，你就能再次开车载朋友了。"

在孩子固执地认为你施加的限制不合理时，总有一种方法让你既可以承认孩子的愤怒，同时又坚持你的立场。你可以试着向青少年概述你的思考过程，并邀请他表达意见。"我知道你在很多时候都是负责任的/有能力的/值得信赖的。但我担心在这种特定的情况下（在外面待到很晚/去俱乐部/到山中骑车/聚会），你可能会遇到些问题。总有一天，拥有这种独立性对你不会成为问题，但我认为你现在还不能这样做。你能给我个建议，让我看看你能够做到什么吗？"让孩子参与解决问题往往会减弱冲突的激烈程度。

健康地使用数字设备是许多家长关心的话题，尤其是在他们担心自己的孩子沉迷其中时。孩子会对被剥夺电子设备感到愤怒，因为他认为，专注于电子设备是他控制焦虑或抑郁的唯一方法。

解决这种数字活动的上瘾行为有许多不同的方式。

有一种较为极端的方法是彻底断绝电子产品，强制孩子恢复。这是很困难的，因为孩子可能会有两三天都处于崩溃状态，之后在几周时间里与数字设备分离。这段时间他们可以去做些其他事情，最好是体力活动，比如园艺、建筑、锻炼或运动。

另一种温和得多的方法是跟踪孩子使用电子设备的时间，在

## 第五章 同辈压力：孩子交友的风险

几周内减少 10 或 15 分钟，然后在接下来的几周内再减少 15 或 20 分钟，直到孩子习惯于被更细微的线索吸引注意力。这段时间里，体育锻炼对于控制孩子与电子设备分离造成的焦虑至关重要。

然而，禁止或严格限制孩子的屏幕使用和他们分享社交兴趣、维护社交网络的机会，通常是不必要的。在大多数情况下，让孩子对社交媒体的使用方式更健康，比许多家长想象的容易得多。研究发现，在孩子使用的账号上添加一些正面的关注对象，就能改变青少年使用社交媒体的方式。他们消极地浏览肤浅、导致嫉妒心理产生的图片的行为能被更有目标导向的兴趣替代。但要向孩子介绍新的更正面的可关注对象，你就需要倾听并了解他的最新兴趣。我们问参与研究的青少年的其中一些问题是"你钦佩你关注的人吗？""你会把什么内容分享给你朋友？"以及"你能举一个令你兴奋的帖子的例子吗？"

只要家长是合作者而不是指导者，孩子就会非常容易接受家长的意见。当家长鼓励孩子关注自己的情绪和思想时，他们就是在帮助孩子组织自己的行为并朝着目标努力。但是，影响是双向的。青少年认为他们的任务是通过介绍他们正在形成的新自我来重组和完善家长的思想——尽管他们并不总能优雅或明智地开展这项行动。

第六章

# 青春期的爱与性：
# 成长的必修课

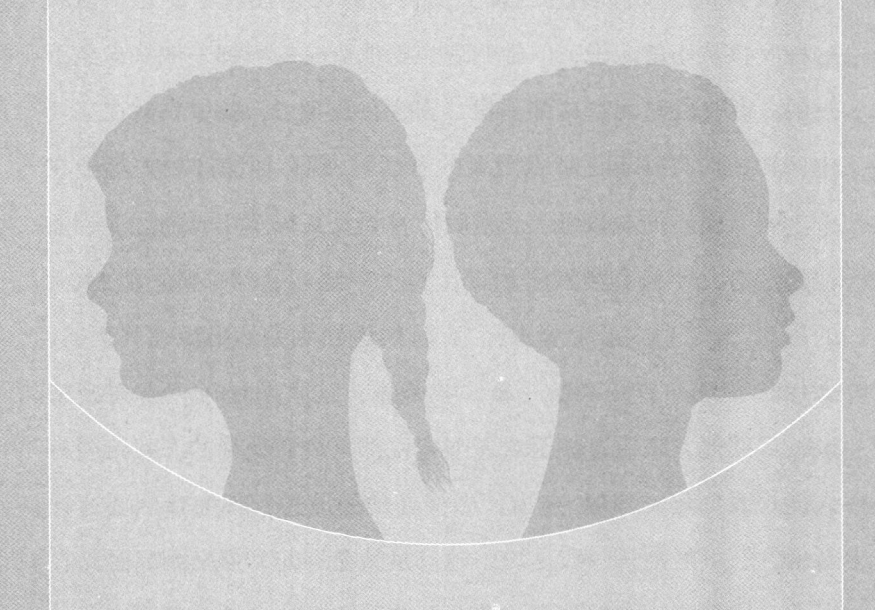

"没人有过这种感觉！"

青少年在青春期会产生一种新奇、陌生而强烈的感受——爱情。它让青少年感到美妙非凡，但也可能造成巨大破坏。

14岁时，艾拉注意到班上女孩的身材正在发生变化。他和这些女孩从小就认识，但她们现在给他造成的影响是他从未经历过的。有一段时间，这种干扰"围绕在我身边，就像飘散在空气中一样，而且并不是什么重要的东西"。现在他的注意力集中在一个叫卡丽塔的女孩身上。卡丽塔曾经是艾拉童年时的玩伴，但他已经有几年没和她说过话了，而现在她"可能占据了他110%的思绪"。艾拉接着解释道："有时候她好像突然出现在我面前，就像是特意冲着我来的一样。我是说，这太明显了——对她来说，对其他人来说，甚至对老师来说都是显而易见的。我希望有人能帮我问她：'哇！你为什么要在他面前晃？你为什么要这样对他？'可是她——我是说，她只是站在那儿，但又不只是站在那儿，你懂吗？她的胸部，还有她的手和脚——她的脚有点儿特别。她有一种平时看不到的特质。还有她的肩膀，她摇晃肩膀的

## 第六章 青春期的爱与性：成长的必修课

方式，还有她笑的时候呼出的气。我好像能闻到她的味道，尽管我不确定我是不是真的能。"

当我让艾拉说出他的感受是什么时，他看着我，目瞪口呆。他看向房间的各个角落，似乎在寻找答案。"它太大了，没法给它起名字。它像是一切。它就像是……发烧了，但我不确定自己是热还是冷。好像谁在我的肚子上踢了一脚，我无法忍受，但也有点儿喜欢这种感觉。"

我让他想象"离她很近"。他的脸唰地红了，然后回答说："我无法想象，真的。我的意思是，如果她对我说'你好'，我的血液就会像火山一样爆发了。我一整天都魂不守舍。"

像艾拉一样，许多青少年把爱情当作身体上的剧变。他们想知道："我肚子里的奇怪感觉是什么？""为什么我想要奔跑、飞翔？""为什么她一跟我说话我就僵住了？""我怎么能在感受这些的同时不让自己激动到'爆炸'呢？"

可能会让青少年和家长感到惊讶的是，尽管歌曲和电影中广泛地描绘了青少年的爱情，但在研究领域，青少年爱情却不是一个十分重要的内容。成人并不重视这些感觉，他们认为这只是"少年情愫"或"一时着迷"。当我和艾拉的母亲卡莉沟通时，我问她十几岁的儿子是否会与她谈论自己最近又迷上了什么。她笑着说："你一定是指那个叫卡丽塔的女孩。啊，是的，他的初恋。我猜持续有三周了。"

卡莉并不重视艾拉的感受。毕竟，成人认为他们了解青少年情愫的发展，了解某个人会突然成为青少年生活的中心，代表着他们所有的理想。成人相信，就像怦然心动一样，青少年的热情也会突然消退。

这种普遍的态度可能就是对青少年爱情进行研究如此困难的原因。青少年为什么要和那些认为他们"稚嫩""好笑""愚蠢"并贬低他们热情的成人谈论这些感受呢？当青少年知道自己的感觉很真实时，他们为什么要向那些不屑一顾地谈论"激素狂飙"的人敞开心扉呢？

然而，浪漫关系在青少年的情感生活中占据了很大的比例。女孩将34%的强烈情绪归因于浪漫关系，无论是幻想中的还是真实的；男孩把25%的强烈情绪归因于此。这比任何其他话题都重要，比朋友和学校都重要。虽然那些对自身性别感到不自在的青少年没有相关的可比数据，但他们也告诉我，"思考谁会爱我，以及会怎样爱我"是一个持续的关注点，它"总是占据我的思维，即使它没有发生在我面前"。

对于青少年来说，浪漫关系既是神秘的，也是让他们进行自我发现的事情。他们面临一些实际的问题，比如如何接近吸引自己的人、该对那个人说什么，以及如何表达自己的感情。还有关于青少年作为恋人的身份问题。对方值得吗？对方是忠诚而善良的吗？对方是否足够坚强，能够承受失望和被拒绝？

正如我们看到的，面对与卡丽塔的互动，艾拉的态度是矛盾的。一个微笑对卡丽塔来说可能不算什么，但对艾拉来说却是大

## 第六章 青春期的爱与性：成长的必修课

事，会给他带来一整天的情绪负担。在爱情的掌控下，青少年的社会脑超速运转。无论互动多么微小，他们都会对每一次互动过度心智化，或者说过度思考。他们想知道，对方的这个微笑、说的这个词、看过来的这个眼神意味着什么？他们怎么才能了解别人的感受呢？

青少年需要一种全新的社交语言来驾驭爱情。熟悉的友谊谈话现在对他们不起作用了。现在看来，那些能帮他们调节友谊的常见线索似乎不够用了。他们可以接收到朋友是否欢迎自己的信号，知道如何与朋友开始对话，或提议进行游戏。但他们不知道如何问出"你是不是以特殊的方式喜欢我"或者"我对你来说比任何其他人都重要吗"。如果他们尝试问出这些问题，却获得了否定的答案，他们就有面临痛苦和羞耻的风险。

在我们第一次谈话后过了一个月，我和艾拉见面进行了第二次谈话。"我试着和她说话，她的表情一下就僵住了。"艾拉告诉我，"她好像一直看着我，又不是一直看着我。她的眼神一直在我身上打转。我觉得很恶心。好像她在找谁能帮她。我就像……在这场愚蠢的谈话中左右摇摆。我没法看着她，她可能在想'这个家伙怎么回事？'然后我之前感觉到的所有东西好像都突然消失了。我的意思是，那么真实的感觉怎么会突然改变了呢？好像刚才还有，一下子就突然没了。我有点儿因为之前产生的那些感受而觉得羞耻。好像我的感受让我失望了。"

艾拉的话标志着一个人可以问出的最重要的问题之一："我

的情绪意味着什么？我能信任它们吗？"当家长谈论"少年情愫"和青少年迷恋的快速变化时，青少年却相信当下的感觉就是永远的感觉。当然，青少年也知道，他们的感受确实会突然而剧烈地改变。

## 白日做梦与残酷现实

家长经常抱怨孩子把时间浪费在做白日梦上。他们认为做白日梦是放纵地浪费时间。"别做白日梦了，做你的作业。"卡莉告诉她的儿子。"你又走神了吗？你在做白日梦吗？"被女儿米丽娅姆无视的特莎这样发问。但对大多数青少年来说，白日梦是一种儿童的游戏，而对儿童来说，游戏是一种任务。

白日梦通常被定义为一系列令人愉快的幻想。它通常由一厢情愿的想象创造，使人从现实中分心。家长认为青少年做白日梦只是在逃避现实，或是因为缺乏现实的勇气和约束。然而，当我和青少年一起探讨白日梦时，他们揭示了一些更具有实质性的东西。

当青少年做白日梦时，他们既是编剧又是导演。他们选择场景、人物和情节主线。乍一看，这些情节似乎充满了老生常谈，比如没有社会竞争或社会脆弱性的荒岛场景，能够为亲密关系的发展提供时间和空间；或者是救援场景，青少年能从危险或死亡中拯救恋人。青少年通常是白日梦中的英雄，身边围绕着他们真正认识的和想象中爱慕的人,或者是只在电影、电视或社交媒体中认识的人。

　　白日梦起初是安全的,它让青少年不受现实人际交往的约束、尴尬和不确定因素的影响。在这种非常私密的环境中,青少年不会被拒绝。但挑战很快也悄然而至,并主导了剧情。白日梦中的情节也会有分手、遭遇不幸、令人羞耻的秘密被曝光。17岁的艾莉森告诉我:"那些最开始能使人平静、感到甜蜜的东西很快变得可怕,并纠缠在一起。当你建造的这个可爱的世界崩溃时,它会让你感到震惊。你知道,白日梦也可能是噩梦。"

　　青少年在白日梦中反复体验浪漫经历的开始和结束,也因此感到困惑。就像儿童通过幻想探索成人世界一样,青少年也会在白日梦中想象各种奇怪而美妙的可能。这种"无所事事"的行为在每个人身上都很常见,但在青少年中比在成人中更常见。它会通过预测可能的情况和结果来促进神经突触的健康。换句话说,它对大脑有好处,能够促进大脑在不同的思维模式中循环,从分析到共情,从希望和快乐到威胁和恐惧。想象中的对话和互动可以获取原本处于休眠状态的信息,让青少年能够将零散的信息联系起来。这个练习能帮助他们在未来解决关系问题。

　　但是,想象中的任何尝试都不能保护青少年免受失恋造成的心碎。家长常常对分手带来的痛苦不以为然。当17岁的芬利与交往两年的女友分手时,他的母亲索菲"为这个可怜的家伙感到难过",想要帮助他,但她也坚信"他会痊愈的,在他明白过来之前，一切就都会结束的"。

　　索菲认为儿子"现在很沮丧，但他会好起来的"。芬利的观点则截然不同。他告诉我："你知道，人们常说'把心给了出去'。嗯，这就是我对安妮的感觉。我的心在她那里，而且，如果她不想要，那也不意味着她能简单地把它还给我。我不再拥有我的心了。我也不知道自己还有什么。我到处走，上学、吃饭，却觉得如同走在云端。我妈妈说'哦，你会好起来的'，但她没有看到我应付不了这些。有时我无法呼吸，必须停下来，然后才能继续前进。我坐在桌子边，脑子里嗡嗡作响——你知道，这种响声伴随着空虚，因为我不再拥有她了。"

　　五年后的芬利将更善于应对这种丧失。到那时，一段关系的结束对他仍然会是痛苦的，但却不太可能耗尽他所有的精神能量。现在，恋爱与失恋的基本情绪在他的大脑中燃烧，而他的前额皮质缺乏"拥抱"或安抚杏仁核（这些基本情绪的来源）的能力。芬利处于青春期阶段的大脑给他的呼吸和心率赋予了消极的意义。他觉得："我孤身一人，没有方向。我感到迷茫。"这些想法会增强生理效应，对呼吸和血液流动产生更大的干扰。

　　当芬利靠近索菲并知道他可以看到和碰到她时，就有人能帮助他，使他的呼吸、心率和其他身体信号同步。这有助于缓和他的内感受网络。那时，内在的感觉就不会那么快地发出疼痛的信号，日常的学业和社会交往的挑战也就没有那么大了。失去女朋友，他就失去了一个能帮助他调节内心世界的人。

第六章　青春期的爱与性：成长的必修课

# 男孩和女孩的分手

人们常说青春期女孩比男孩更依赖亲密关系。人们认为女孩比男孩更依恋自己的恋人，也更容易患抑郁症。但是，这种关于女孩和男孩感觉的常见假设同样被证明是错误的。

令人惊讶的事实是，在恋爱方面，比起青春期男孩，青春期女孩在分手后更不容易受到伤害。那些在青少年心理健康领域一线工作的人早已知道这一点，但这些知识还没有被传达给家长。一位高中辅导员解释说："男生一旦和女朋友分手就会崩溃。他们无法学习，有的还会开始喝酒。如果他们因为与学习或家长有关的问题来找我，我可以帮助他们。但当他们跑来跟我说自己刚刚和女朋友分手时，我心里就'亮了红灯'。"

当青春期女孩还是儿童的时候，她们就要应对经常破裂而充满激情的友谊；在进入青春期早期后，她们就已经经历过了关于信任和背叛的惨痛教训。我访谈过的每一个女孩在14岁时都受过某一个值得信任的朋友的背叛。那些朋友要么透露了她们"秘密"分享的私人想法，要么在背后说她的坏话，要么莫名其妙地为了另一个"最好的朋友"抛弃了她。女孩们在这些中断的关系中遭受了巨大的痛苦，但也明白了她们能挺过来。

在遭受友谊方面的背叛之后，青春期女孩会从其他地方寻求安慰，尤其是从朋友那里。她们有"和好"的经验，也知道受损的关系可以修复。并且如果一段关系被证明是无法修复的，她们也知道自己还可以建立新的联结。但对于男孩来说，由于男性准则要求他们在青春期后期变得"坚强"和"独立"（并且要默默地应对情感负担），他们在这一时期往往会中断友谊中的亲密关系，而这会导致他们更加依赖恋人。在与初恋建立亲密关系时，男孩在关系破裂和修复方面经历过的练习更少。分手对男孩来说是一种创伤，他们很长时间才能消化。男孩也不像女孩那样拥有亲密的友谊来帮助他们稳定呼吸和心跳，也没有可以帮助他们控制悲伤的整体内感受网络。

这就解释了为什么我一次又一次地发现，与预期和刻板印象不同，失恋后的青春期男孩比女孩更脆弱。青春期女孩形容分手令她们"非常难过"或"震惊"，而男孩则会使用"崩溃""失败""坠落"之类的词语，它们暗示着严重的混乱和迷茫。

对于那些不确定自己的性取向或正在改变自己的性别的青少年来说，分手是额外的问题。这种丧失会打乱他们正在形成的性别或性认同，使他们怀疑自己是谁、谁会爱自己。"最糟糕的不是失去她，"杰瑞解释说，"而是感觉我无处立足。"16岁时，杰瑞准备变性为男性，分手的心痛唤醒了他关于"能否找到一个能让我真正'做自己'的人"的焦虑。在这种时候，家长可以帮助孩子调节情绪，向他们做出保证，使他们相信自己不必独自承受这种青春期的剧变。（第三、第五和第九章的末尾描述了这个过程中可以使用的技术。）

## 第六章 青春期的爱与性：成长的必修课

# 性：另一种强大的情绪力量

对青少年爱情的研究一直被忽视，因为在成人看来，青少年的爱情问题远没有他们的性行为问题重要。对家长来说，孩子的性成熟就像扔进平静家庭生活中的一颗手榴弹。性感觉标志着童年的结束，并使孩子容易受到他人欲望的伤害。

大多数家长会尽最大努力为孩子提供与性相关的支持和有用信息，但焦虑使他们的努力付之东流。他们担心性行为对健康的危害；他们担心性会分散孩子对学业和未来计划的注意力；他们担心怀孕带来的道德问题和对孩子个人的影响。因此，他们强调克制——"一律说'不'""不要为了他人做任何事情""最重要的是'小心'"。家长计划与孩子进行的关于性的特别"谈话"中也常常略过关于性带来的愉悦感和性关系中独特亲密感的话题。

本书第二章介绍了青少年的大脑。读过这一章的家长可能会说，"在性方面强调控制和克制总该是很好的"。毕竟，我们看到了快感激素（多巴胺）的大脑受体会如何在青少年的大脑中增殖，而来自前额皮质（通常被称为"大脑的 CEO 办公室"或控制中心）的信息回路则是缓慢而低效的。青少年的大脑很快就会被唤醒，而一旦被唤醒，青少年就不太擅长进行自我控制、风险评估和制订前瞻性计划。因此，青少年倾向于冲动，做出未经深思熟虑的行为，特别是在奖励令人非常愉快和兴奋的时候。对于青少年，进行性行为通常不是一个决定——它往往是"就这么发生了"。让青少年"一律说不"或"控制自己"并不是有用的建议，因为这可能是他们无法遵循的建议。

虽然家长对青少年大脑的影响是复杂而零碎的，但他们可以提高青少年对于是否发生性行为做出审慎决定的能力。要做到这一点，家长不能靠每分钟都盯着青少年，也不能靠制定严格的禁欲规则，而是要靠与孩子谈论性在身体和情感上应该带来的快乐。

大多数家长表示，他们希望自己在谈论性这方面能比自己的家长做得更好。大多数家长都希望孩子主动来问有关性的问题。然而，与我交谈过的大多数青少年都说："当（我的家长）谈论性时，他们好像什么都不懂。"

家长一般都希望与孩子开诚布公地谈论性。"我最不希望的就是让她觉得有些事不能告诉我。"特莎说。但是她16岁的女儿米丽娅姆说："当她试着这样开诚布公地与我谈论性时，我会很生气。首先，这些事我已经懂了。其次，你知道，她对这种事不能保持冷静。她基本上无法忍受不能再像我小时候那样控制我的身体。好像我生活在一个危险的世界里，每个人都想'占我的便宜'——对，这就是'开明'的她的原话。她觉得我什么都不懂。她说的这些和我真正生活的世界隔了十万八千里。"

正如我们一再看到的那样，青少年是敏锐的观察者。他们很快就能发现家长的犹豫、矛盾或焦虑，也能快速利用这些情绪。例如，米丽娅姆能够注意到，在什么情况下，她只要再施加一点儿压力就能获得去朋友家的许可。她知道，只要她答应做数学

## 第六章 青春期的爱与性：成长的必修课

题，就能消除母亲的疑虑。但是，母亲对她的性行为和性危险的焦虑加剧了她自己的犹豫和矛盾心理。于是她试图用一种青少年的家长都熟悉的坚决宣告来结束谈话："我早就知道了！"

"她知道的和我一样多。"特莎告诉我，"孩子成长得太快了，他们可以接触到所有信息——关于性和其他东西的一切。但掌握信息只是一个方面，你明白吗？他们还需要理解别的东西。"

"什么都知道"和"理解正在发生的事情"确实是非常不同的。我发现，在与青少年谈论性的过程中，最令人不安的是他们关于性启蒙的故事中有许多涉及恐吓、困惑或者人际交往中的粗心大意。青少年知道性行为的事实，但不知道性接触如何发生。就好像他们（尤其是女孩）不知道发生性关系的步骤，或者不知道如何保护自己，而男孩也不知道尊重和同意的重要性。

本应聪颖的青少年讲述了他们在某次普通的接触突然变成性行为时产生的犹豫和困惑。女孩们会告诉我，"我不知道会发生得那么快，我以为要再过一段时间才会发生"或者"我还在想要说些什么，然后他突然就在我的身体里了"。在这种时候，面对很快就会产生的看似"不可避免"的结果，她们无法明确地做出能够保护自己的反应。她们的犹豫一部分来自娜欧米所说的，对于"叫停他热衷之事"的不情愿；或者来自耶马所说的，对于"不是什么大事却令他失望"的不乐意。

超过 6% 的青春期女孩说她们发生第一次性行为是不情愿的或被迫的。她们描述的胁迫有时是情绪上的，有时是语言上的，

### 读懂青春期孩子的成长信号

有时甚至是身体上的。有些青少年似乎不能应对正在发生的事情（主要是女孩）；还有些青少年要么在家长的视线之外，要么不关心家长的感受（主要是男孩）。我们是如何让这些青少年陷入如此境地的？我们是否忽视了对女孩如何成为性行为中主导方的教育？我们为什么没能阻止男孩，让他们不要表现得好像在性行为上拥有特权？

如今的青少年对自己和他人的各种性取向更加坦然了，但女孩们仍然容易受到"荡妇羞辱"和（如耶马所说的）"每个人都知道你和猪上过床"的诋毁。在陈旧的"女性准则"中，处于青春期的女孩应该是性感的，但不能涉及性爱；女性被认为应该取悦男性，但当她们屈从于男性施加的压力而发生性关系时，她们就会感到被羞辱。在这些"第二十二条军规"般自相矛盾的准则中，女孩很快就会因为她们眼中自己的"乱搞"而责怪自己。一位深陷自我厌恶的16岁女孩解释道："我以为这没什么，我说'哇——慢着'，但情况却没有这样发展。然后愚蠢的性行为就这样发生了。我把自己搞上了床。"

大多数家长坚持认为，处于青春期的男孩已经被教导得会重视他人的感受，并对任何没有得到对方同意的情况保持谨慎。然而，根深蒂固的男性规范要求他们要"强势"和"主导"，而根深蒂固的扭曲的女性规范则强调女性要顺从，二者共同模糊了对"同意"的理解。正如17岁的乔希所说："我知道我比她有更强烈的（性）冲动。但这对我很重要。我们需要做这件事（性行

## 第六章 青春期的爱与性：成长的必修课

为）以使我确定我们真的是一对儿。我知道她能明白，真的。"无论是女孩还是男孩，一个青少年越是赞同潜在的男性或女性规范——认同男孩的欲望比女孩的重要，而女孩的责任是"明白"（理解和满足）男孩的需要——这个青少年就越有可能认为男性的强迫是可以被女性接受的。

青少年非常需要管理性行为的方法。然而，正如他们的经历表明的，我们这些做家长的让他们失望了。这是因为家长不与孩子交流，不教他们需要了解的东西，还是孩子根本不听家长说的话？

因为青少年明白他们其实并不太理解自己所知道的东西，也因为他们不喜欢直面自己的困惑，所以他们经常对与家长进行的涉及性的谈话感到恼火。在青春期早期，青少年保留了儿童在想到家长会进行性行为时做出的反应："恶心！"儿童在第一次得知父母是如何怀上自己时会想："人们不会真的那样做的！"他们会想："这种事后人们怎么能正常交谈呢？"几年后，当他们不再从成人会做什么的角度，而是从自己将要或想要做什么的角度来考虑性时，他们仍然会有困惑。"我的父母真的会这样做吗？恶心！""这对我来说完全不同。"

许多青少年想要在性和自己的性取向方面表现得轻松自在。当家长说"现在的青少年对一切都云淡风轻"时，青少年并没有对这一观点进行质疑。米丽娅姆说："我可以接受妈妈认为我知道什么是什么。这只是为了让她不再烦我，让她放松一下。很明显，她对整个话题都很害怕——她的小女儿和性。"米丽娅姆觉察到了母亲的不安，不想再徒增焦虑。而且她自己也有很多焦虑。

"我喜欢他（她的男朋友），但有时他真的很令我反感，"米丽娅姆解释道，"而且我不想让他碰我。我不知道这是因为一时的'不，今晚不行'的感觉，还是因为我不爱他。如果我们……你知道，做到最后，情况会更糟。因为即使是现在，我们只是做一些不那么深入的事情，这些事也会让我浑身不自在。"

米丽娅姆的朋友耶马比她大两岁，已经和男朋友发生过性关系。耶马面临着一系列不同的问题。"'亲密'应该是种委婉的说法，但对我来说不是。正是因为这种亲密，我们进入了一个新的交流层级。我们之间产生了一种关系纽带。我看着他，能感觉到那种纽带。所以我无法理解为什么对他来说不是这样。我真的很失望，这些对于我意义非凡，对他却什么都不是。"

在青春期后期，家长与孩子进行关于性的谈话仍然很重要，而且谈话会变得更容易一些。当我问二十一二岁的年轻人（正如我将在第十一章中指出的那样，他们在智力上仍然属于青少年），他们最感激家长的是什么，我得到的答案是"知道我最坏的一面也不介意"和"帮我度过困境"。当我深入询问具体事例是什么时，我得到的回答包括"我在不想要的情况下却和别人发生了性关系""我陷入了对一个非常糟糕的男人的迷恋""告诉他们我是同性恋（他们非常支持我，没有惊慌失措）"。

青少年渴望讨论的是那些超越身体和生物事实，也超越了诸如"说'不'"和"小心"的自控提醒的话题。性"不仅仅是性",它还涉及深层次的情绪和关系。"我会希望家长已经把一切都弄明白了,或者已经翻过这一页。"耶马告诉我,"所以我很乐意听我妈妈谈论她的感受,比如她的不确定,以及她如何因为男人或她自己的感觉失望。因为我正在经历那些事情,所以听她说这些会让我感觉没有那么失落。就像我可以把事情搞砸或者感到被羞辱,但我仍然有自尊。"

一些家长和政策制定者认为谈论性快感和性感受会鼓励青少年过早或过于频繁地发生性行为。但有一项重要的发现是,与家长谈论性快感和欲望的青少年更有可能推迟发生性行为。这些青少年第一次发生性行为的年龄往往较大,并且比那些家长坚持讨论"事实"和"危险"的青少年更有可能采取避孕措施。此外,如果家长会谈论(孩子的)性快感的重要性,他们的孩子就很少会说性行为"就那么发生了"。这些青少年不太可能屈从于伴侣的压力,也不太可能对伴侣施加压力,因为他们知道,重要的不仅仅是别人的愿望。他们能更好地向伴侣表达,或理解伴侣所说的"我不想这样"。这些青少年发生性行为往往是因为他们想要这样做。

当家长把他们那些与孩子的激素和强烈性欲有关的焦虑放在一边,而把注意力放在孩子的性行为上,对孩子的欲望和快乐表示尊重时,青少年就会得到这样的信息:"你是这件事的主导者。"

青少年的前额皮质可能还未发育成熟，他们大脑的愉快中枢和计划中枢之间的神经网络可能有点儿不稳定，但与家长的对话可以帮助他们变得聪明，即使是在激情澎湃的时候也是如此。

## 如何谈论性、拒绝与同意

我们在本章中看到了一些令人不安的证据，它们说明许多青少年（主要是女孩）会感觉自己被强迫发生性行为，而他们对性浮于表面的理解掩盖了他们深层的无知和困惑。在男孩这一边，最令人不安的问题是对伴侣的抵抗不敏感、对性同意的认定门槛低，以及认为自己迫切愿望的优先级高。在女孩这一边，最令人不安的问题是当她们被迫发生性行为时，她们会自责，并抱有根深蒂固的信念，认为自己的顺从是适当的。

家长要与孩子一起探索和挑战这些性别规范并不容易。研究人员注意到，青少年经常与性的双重标准斗争，但他们很难识别和解释这种双重标准如何出现在自己的恋爱关系中。青少年信奉性别平等的原则，当发生性行为的女孩受到抨击，而发生性行为的男孩却受到赞美时，他们会打抱不平。但青少年自己的不愉快性经历却至少有一部分是源于双重标准的（"我感觉很糟，所以随波逐流了"或"她不想承认她也想这样做"）。在他们自己的故事中，那种尖锐、清晰的批判主义就明显消失了。

所以，家长要怎样有效地与孩子进行关于性的谈话呢？

第六章 青春期的爱与性：成长的必修课

**1. 确保谈话不局限于生物学范畴。**

坦率地谈论性在身体和生理方面的事实当然重要，但好的谈话也要包含与性相关的情绪风险和深层次的个人意义。抓住这个机会谈论关系、尊重、欲望和快乐。在与男孩的谈话中强调关系和尊重这两个话题，在与女孩的谈话中强调欲望与快乐这两个话题。有些地方的个人教育课程强调关系和尊重（比如荷兰），在这些地方，青少年发生无保护性行为的概率较低，初次发生性行为的年龄较大，报告因为被胁迫而第一次发生性行为的青少年更少。

**2. 向孩子保证困惑是正常的。**

困惑与情绪和欲望有关，但也与同辈压力以及感觉自己落后、被孤立有关。尽量避免询问孩子对性的看法，而是承认孩子衡量自己的需求和欲望是需要时间的。在电影、广告和社交媒体中寻找机会，提高孩子对混杂信息的认识。注意不要向女孩发出"你应该引起别人的欲望，但又要对性说'不'，不产生性欲，性感但不涉及性爱"的信号；注意不要向男孩发出"你应该去主导 / 表现自己 / 成为猎人"或"要说服不情愿的女孩"的信号。

在任何情况下，与上述内容类似的信息（不仅仅是关于性的信息）都应该受到质疑，因为这些规范既削弱了女孩将自己视为可以根据自身想法做决定的主导者的能力，也削弱了男孩意识到女孩不愿发生性行为的能力。家长可以通过多种方式鼓励孩子对性别规范做出更具批判性的评价,比如抓住孩子对一个发生性行为的女孩做出的任何负面评价,无论是用"渣"或"浪荡"这种词语,还是用"她很轻浮""什么她都会做"这种话。家长还可以指出孩子自己说的,或者他们听到别人说的将男性描述成性侵者的话,比如"男人对抗不了睾酮"或者"你还想怎么样?如果对方愿意给,他当然会接受"。

**3. 表现出对孩子关于性或性别的看法很感兴趣。**

尽可能多地把孩子当成平等的合作者,而不是需要教导的学生。不要害怕谈话中的停顿。青少年可能需要时间来组织语言,试探说什么是安全的,思考自己想要透露多少想法,以及判断必须保守什么秘密。最重要的是,不要对孩子说他应该怎么想或应该有什么感觉,也不要对孩子的想法或感觉妄下结论。

记住,进行交谈(尤其是深入的交谈)通常是需要机会的。当家长突然表示要进行谈话时,青少年往往会沉默。他们觉得家长是在"说教"或"责骂"自己。亲密的谈话通常是在一起做其他事情的时候进行的,无论是在准备晚餐、叠衣服、购物时还是在上学的路上。一段亲密对话可以在数周甚至数月中断断续续地进行。家长需要耐心等待孩子打开话匣子。记住,耐心和倾听是尊重的表现。而且,正如许多家长知道的,当你与孩子进行真正的交谈时,他们会给你带来快乐。

第七章

# 对家长的无情批评：
# 如何化解争吵

"你说的那些都不对。"

"每次我一开口,她就会顶嘴。我说的每一个字都是错的,连我说的最简单的事情都是错的。'这不是电视剧,这叫网剧。''那不是派对,我们只是在一起玩而已。你什么都不懂。'她看着我,眼神就像匕首一样锋利。你知道,在这层表象之下的她其实是一个很可爱的孩子……但她这个样子真的让我很疲惫。"韦拉——15岁女孩克拉拉的母亲——抱怨道,"我说什么都是错的。"

基伦说:"(我15岁的儿子萨姆)每次在我试着跟他谈话的时候就一脸不悦。我都能看到他脸上的愤怒。他会动来动去,直到我放弃谈话。我也试过别的方法。我问他想要谈点儿什么,可他说'没什么。我不需要谈话'。我没觉得他想伤害我。他只是忍不住这样做。"

凯莱布说:"(我13岁的女儿米丽娅姆)对我做的事挑三拣四不需要任何理由。可能我只是咬了一口苹果、喝了杯可乐或是在椅子上坐着,我就做了'极度冒犯'她的事,但我根本搞不清为什么。我已经不问'怎么回事'了,因为她只会回答'你太吵了'。她可能会因为这样的事大哭起来,可我不知道她的这些悲伤究竟从何而起——她是因为我有她这个极度敏感的女儿而难过,还是因为她有我这个总是用各种方式惹她烦的爸爸而惆怅?"

没有正确用词、试着与孩子谈话或"只是咬了一口苹果"都不是家长受到孩子激烈批评的合理理由。这三位家长很困惑、很受伤,也很担心他们的孩子。许多家长不知道的是,虽然孩子表现得这么理直气壮,但他们自己也会感到很糟糕。"我知道爸爸在努力支持我,你知道的,就像……努力表现出他感兴趣。"萨姆说,"只是这种父亲鼓舞儿子的方式并不适合他。他的关心不完全是假的,但有点儿像装出来的。每次他试着谈话我就沉默。然后我会感觉很糟糕。"

米丽娅姆也是一样:"(我知道这对爸爸)非常不公平。我猜他只是没法控制吞咽的声音。可我也不知道为什么,有时那些声音就是让我想哭。只要他待在房间里,我就无法集中注意力,然后他又发出了那些细微的声音。于是我就怒不可遏了。"

## 青少年心灵中的家长

家长的困惑是可以理解的。他们认为孩子的批评或恼怒是针对自己此时此刻说的话或做的事。但其实青少年对家长的强烈反应植根于久远的情绪历史，这段历史起始于在孩子心中家长"永远是对的"，以及家长的存在让他们感觉房间变得安全牢固的时期。到了青春期，当孩子不断试探他们新浮现的、高度个性化的自我时，他们就对这种舒适感产生了矛盾心理。家长仍是房间中最有权力的人，但青少年开始想要挑战这种权威了。当青少年对家长提出一个又一个抗议时，真正的问题其实在于青少年自己。他们的恼怒针对的是住在他们心灵中的家长。

所以青少年表面上对于排斥或"推翻"家长的愿望实际上并不是他们的真正诉求。他们传达出的信息是"你是错的""走开""我跟你待在一起不舒服"，但其实他们仍能感到自己有儿童式的爱和依赖。青少年因这种重压而感到坐立不安，为自己仍需要家长的陪伴和爱意而沮丧挫败。青少年随之向家长发泄自己的不满，好像他们的矛盾心理是家长的错。

青少年的矛盾心理解释了一系列令家长困惑的行为。韦拉谈到她十几岁的女儿克拉拉时说："有时，她说我是'世界上最糟糕的妈妈'，她希望和我没有任何关系。而第二天早上，她又变成了最可爱的孩子，给我看她为学校课程准备的艺术作品；当她知道该出门了时，她会哄弟弟，让他准备好；去学校的路上，她在车里说着身边的新闻，高兴得像只百灵鸟。有时我觉得有个15岁的孩子是最美妙的事，但有时我又觉得像被钳子钳住，不论转向哪边都是错的。这是最令我困惑的时期。"

韦拉描述的是许多家长都注意到了的孩子的多变行为。有

## 第七章 对家长的无情批评：如何化解争吵

时，青少年会像心满意足的儿童一样，惹人怜爱而又开诚布公地表达自己的渴求和爱意。基伦在讲述儿子萨姆有多难相处时停顿了一下。"我有时会觉得'我对这个男孩无能为力'。但这会让我产生错误的想法。因为有些时候，应该说很多时候，他都是最好的孩子。我现在可以和他一起做更多事情了。而且他真的让我刮目相看。我们一起组装他姐姐房间里的书架，我们的合作流畅无比。我们一起干活时的节奏良好，而且我们有共同的目标。那就是纯粹的快乐，那是只能从大孩子那里得到的快乐。"

青少年在对家长进行批评的时候，也是在努力获得这种平稳的团队节奏和"纯粹的快乐"。但是，正如青少年身上经常发生的那样，他们传递出来的信息是扭曲的。当克拉拉抱怨母亲韦拉"什么都不懂"时，她似乎是在说"跟你说话一点儿用都没有"。但克拉拉在解释自己的批评时，却浮现出了一些非常不同的意思。她告诉我："我会试着向妈妈解释一些东西。真的。比如我决定下一年换几门课上。可她会继续做着手上的事，比如摆盘子或者给我妹妹编辫子，然后嘴上什么也不说。我能看出来她不喜欢我说的话，我等着她说点儿什么，然后我得到的就只是'嗯……'。我讨厌这样。她说'嗯……'，我怎么回答？她真的在听我说话吗？还是她想说'不行'？我能感觉到她脑子里想的东西很多，但是却没有给我任何回应。"

青少年很了解自己的家长。他们能感知家长的所有表情、声音，甚至能感知到家长的哪块肌肉变得紧绷，并能猜测这些表现和变化的深层意义。韦拉正在努力处理女儿对于下一年学校科目的新计划。女儿提出的将地理改为历史、将微积分改为计算机科学的计划(在克拉拉看来这叫"决定")给韦拉带来了一系列问题:"怎么了?她为什么要这样做?是因为她的朋友选了那些课吗?是因为课程安排吗?是因为她觉得目前的课太难了吗?换课会对她申请大学产生什么影响吗?她跟指导老师商量过了吗?"

克拉拉提出了一个重大的问题,但却想从母亲那里得到"当然可以"的简单回复。这是不可能的。克拉拉有一种青少年式的急躁,想要立即把事情解决,正如她冲动地讲出了自己的决定一样。任何其他回复对她来说都是不必要或是让她沮丧的。

## 青少年如何对家长进行"解读"

在青少年的批判主义和矛盾心理的混合体中,还有两个额外的因素。

第一个因素是青少年独特的反应性,这使他们的愤怒情绪上涨得快,消退得慢。当青少年被惹恼,他们保持消极状态的时间会比儿童或成人更长。这是青少年更易变的情绪、大脑中容易兴奋的边缘系统,以及更低效的前额皮质或控制中枢的副产品。

第二个因素来自他们解读家长表情和声音的长久历史。在婴儿学会走路、说话,甚至爬行前,他们就知道面部肌肉的细微变化在人际交往方面有着极强的重要性。对于婴儿来说,家长的表

第七章　对家长的无情批评：如何化解争吵

情反映出他们自己的状态好坏，以及更广阔的外在世界是安全的还是危险的。但当孩子12岁左右，刚刚进入青春期时，他们对于表情的解读就变得不那么可靠了。

　　这种面部表情解读技能的下降与我在第二章中描述的灰质的密集纠缠相关。我们知道，青少年的执行脑（前额皮质）在预先制订计划和控制冲动方面效率较低；而青少年的社会脑（与理解他人相关的大脑区域组成的神经网络）处理事情的效率和可靠性同样较低。科学家发现，一个常见的错误也会使青少年变得特别易怒。

　　当一名成人看到某个人的脸时，他们大脑中负责逻辑推理的部分（前额皮质）就会开始执行解读表情的复杂任务；而当青少年看到同样的脸时，他们大脑中被激活的则是更为原始和情绪化的部分（包括杏仁核）。杏仁核被激活后，人就会处于高度警觉的状态——我们的心脏会跳动得更快，肌肉会准备好战斗或逃跑。由于身体表现得好像处在危险之中，我们会感觉自己受到了威胁。而当我们感觉受到威胁时，我们就会相信自己真的受到了攻击。

　　因此，青少年很可能将那些儿童或成人视为中性的面部表情理解为有敌意、恐惧或愤怒的。而当青少年看到一张表达恐惧或愤怒的脸时，他们的大脑（额叶皮质的两个区域）会变得异常活跃。正如我们看到的，一旦青少年感受到强烈的情绪，他们很难冷静下来。

了解青少年会对中性的表情或言论做出激烈反应背后的脑科学原理，可能会在一定程度上让家长放心。"所以这就是不管我说什么，我的孩子都会发怒的原因。她生气是因为觉得我生气了。""我知道为什么我的孩子会很快就生气了。他觉得我有敌意，因此进行防御。"萨拉如释重负地说，"所以这不是我的错，而是因为她看待我的方式不对。而且这种'一点就着'的状态总有一天会过去的。"

然而，正如大多数家长感觉到的，在青少年和家长争吵不休的阶段，"总有一天"似乎永远不会到来。"孩子对我的批评以及我的反应都不是我的错，而是烦人的'青少年大脑'处理信息的方式造成的"这一发现最初会给家长带来宽慰，但在日复一日的生活中，家长与青少年互动的实质问题仍然存在。在这些日常互动中，青少年和家长都可以更深地理解青少年的批评有何种深层次的目的，从而得到帮助和打消疑虑。毕竟，从大脑的角度并不能解释全部。

## 多变的爱

青少年一次又一次地抱怨家长没有"看到""欣赏""理解"某些东西。青少年通过进行批评来努力获得家长的支持，并让家长认可他们想成为的那种人。青少年的不耐烦一部分是针对自己的："我为什么不能把自己的想法解释清楚，让家长理解呢？"

## 第七章 对家长的无情批评：如何化解争吵

尽管如此，他们还是会责备家长"迟钝""愚蠢""漠不关心"。

许多青少年都会抱怨家长的这一点："你对我说话的方式好像我还是你眼里的那个小孩，好像你还很了解我，但我已经不只是那个小孩了。"但是，青少年自己也不知道自己现在"是谁"。由于对自己仍然需要家长的认可这一点持矛盾态度，青少年既反应激烈又表现出困惑。

让我们再来看看克拉拉对母亲韦拉的不耐烦。克拉拉对母亲说了些话，然后母亲的反应让她抱怨道："我等着她说点儿什么。然后我得到的只是'嗯……'。我讨厌这样。她说'嗯……'，我怎么回答？她真的在听我说话吗？"克拉拉想要得到特定的回应，她希望母亲能尊重并相信她的决定。然而，她知道母亲不会理解所有支持她决定的理由（克拉拉无法将这些理由说清楚）。克拉拉向我承认："在我提出这个话题之前，我就知道她会让我的心情变得很差。"

像许多青少年一样，克拉拉想摆脱童年时的那种依赖心理。同时，她也想得到家长的认可和赞赏。她的家长迟迟不能认识到她的新自我，这让她很沮丧——虽然她自己也不知道自己是谁，但这也没让她感觉好一点儿。这种对认可的需要会出现在青少年说出家长如何让他们沮丧的时候，比如"我妈妈认为我还是个小孩，她都没看出来我以前挺喜欢的那个表弟现在是个大讨厌鬼""我爸爸想要让我按他画的蓝图生活"。在青少年的视角里，家长需要被反复提醒：他们该更新关于"青少年是谁"的认知了。这并不是说青少年会怀疑家长对自己的爱，但对他们来说，当他们不确定自己是谁，而且又依赖他人对自己的看法时，只有爱是不够的。"如果你不知道这个人是谁，你又怎么会真正地爱他呢？"他们质问道。青少年需要家长的帮助来定义自我，就像他们在自己的婴儿期和儿童期做的那样。

我在大约30年前写的第一本书就是关于青春期的，名为《改变了的爱》(*Altered Loves*)。这个书名来自莎士比亚的一首十四行诗，诗中写道："如果爱因外部的变化而改变，那就称不上爱。"简而言之，真正的爱不会因为我们所爱的人改变而消失。这首十四行诗运用了"无条件的爱"这一概念（"不论你做了什么事、变成什么样，我仍然爱你"），但从亲子关系的角度来看，我认为改变是必要的。爱必须改变才能生效。"我仍然爱你"是远远不够的。爱必须是合适的。随着青少年的变化，家长的爱也必须改变。

这是在养育青少年的过程中最大的挑战之一。心理学家经常说到"发展任务"。在儿童时期，发展任务涉及运动技能的发展，这些技能既有大的也有小的。精细的（小的）运动技能包括控制肌肉拿起某样东西并将它从一只手传递到另一只手，以及画线或圆。较大的运动技能包括保持平衡和移动肢体。发展任务还涉及理解和掌握语言的口语技能，以及与他人互动的社交技能，包括在对话中相互体谅。家长也有发展任务——跟上孩子的发展阶段，并在孩子发展的每个阶段为他们提供有意义的话语、互动和鼓励。家长的视线范围内充斥着关于如何对儿童给出回应的信息，但关于如何应对养育青少年的过程中需要完成的发展任务，家长得到的信息很少。这种情况直到最近才有所改善。

## 听取青少年关于身份的提示

人们很容易看到青少年经历的快速变化，但往往会忽视家长在回应孩子方面的变化。

家长在发现婴儿或者幼儿的新变化时会感到高兴，但看到处于青春期的孩子发生快速变化时却往往会感到焦虑。家长担心处于青春期的孩子所做的事会危及他们的未来；家长也害怕自己失去作为孩子的向导和保护者的影响力。青少年注意到家长的犹豫和担忧，还会怀念自己年幼时家长展现出的那种包容一切的好奇心。

"无论如何我都会爱你"——家长给予的这句保证是发自内心的，但这并不能提供青少年需要的一切。"哦，我知道她爱我。"克拉拉略带不屑地说，"但是你知道她为什么爱我吗？她爱我是因为，第一，她别无选择，我是她的孩子；第二，她觉得我还是她的'小宝贝'，她爱的是以前的我，而不是现在的我。"像许多青少年一样，克拉拉并不满足于以孩子的身份得到家长的爱。青少年认为他们应该得到一种新的爱，并且试着让家长的注意力集中在他们新的、更加成熟的自我上，从而获得这种爱。萨姆告诉父亲："我讨厌你说'他可是个历史迷'。"菲利普向父亲抱怨："我已经不喜欢那个了。但你一直说'他就是这么想的，他想要那个'，可你其实不知道我的想法。你根本不听我说的话。"

我将青少年的这种话语称为"身份提示"。青少年与家长之间的争吵充斥着"我就是这样/我想变成这样/我觉得我会成为这样的人"以及"我不是你以为你很了解的那个孩子了，我也不是你害怕的那个'外星人'"。青少年对家长的抱怨以及连珠炮般宣泄的批评，通常以影响和改善家长的反应为目的。如果不理解孩子的正向目的，家长通常就会将孩子这种对调整和升级亲子关系的努力理解为拒绝和敌意。

当家长忽视孩子的批评，或者对其不屑一顾或不感兴趣时，冲突就会升级，让双方都感到害怕和被孤立。克拉拉知道将自己的想法解释清楚很难："我有很多关于要说什么的想法，但它们有时会四分五裂，我只能说出其中的一些碎片。就像我脑子里充满了对话框，但只有一个小框里的内容能说出口。我要么哑口无言，要么开始大喊大叫。"克拉拉将这种情况部分归咎于母亲，"如果她能坐下来关注我，那我把话讲出来就容易多了。我感觉自己像是对着空气说话。她根本没听。"

因为不能得到母亲全心全意的关注，并且不确信自己的话能引起母亲的共鸣，克拉拉感觉自己的想法分裂成了"小碎片"。她认为自己只能在沉默和喊叫之间做出选择。家长觉得这种反应是过激的，但青少年却对家长未能充分参与和自己的讨论而感到道德上的愤怒。毕竟，在亲密的关系中，"不倾听对方"是一种背叛。

## "我感觉他们是对的，但我讨厌这样"

从青少年与家长的对话、玩笑和争吵中，我们很容易听出，青少年善于找到家长的弱点，并不断刺激家长，直到家长"失控"，从而让成人也像青少年一样容易控制不住情绪。当萨姆的父亲试着与儿子交流，然后抱怨"跟你说话真费劲"时，萨姆说："你觉得跟我说话费劲？妈妈说如果她想知道你在烦些什么，或者让你听她有什么困扰，就得把你拽进屋，再锁上门。"这对父子都怒视着对方。一阵沉默之后，基伦说："就像我说的，跟你说话确实费劲。"在他走开后，萨姆嘲讽道："'就像我说的'——你就是这样，爸爸。完美的例子。"

青少年知道家长的缺点和失败之处。当青少年因为受到审视或批评而不舒服时，他们就会用这些已知的信息来"报复"家长。他们会揭露家长身上的他们自己可能不承认的特质，而具有防御性的家长很可能是不讲理的。基伦说，养育青少年"需要有一双好鞋"，我请他解释这是什么意思，他说："这是一条漫长而崎岖的路，你要做好远行的准备。而且这条路走起来不会舒服。你的自尊会不断受到挤压。"

许多家长告诉我，养育青少年不仅削弱了他们做父母的自信，还削弱了他们做人的自信。"我知道了，"韦拉告诉我，"关于我的一切都有可能突然间变得'不对劲'。"令许多家长惊讶的是，青少年的批评具有的独特分量在某种程度上是基于他们对继续盲目信任家长感到的不安。青少年的批评尽管看起来很激烈，但其实充满了疑问。家长的观点和信念仍然是嵌在青少年心中的路标。青少年的批评虽然表面上是针对家长的，但实际上矛头指向的是他们心里的那个仍然具有权威的家长。萨姆告诉我："我对爸爸说不出什么特别有力的、能与我想对他说的东西相符的话。就像我的话不会传达给他，不会真的传达给他。真正让我发疯……让我生气的是，他相当确信自己是对的，而我在某种程度上也相信他是对的。我有些讨厌这样。"

青少年对父母的批评的来源可以追溯到他们每一次接受家长世界观的时候。与家长不同，青少年自己的心声似乎带着犹豫和不确定的感觉。青少年希望通过批评家长来听到自己内心尚未完全成型的声音。为了纠正（他们眼中）家长的成竹在胸和他们自己的自我怀疑之间的不平衡，青少年决定"必须保持警惕，并总要质疑家长的言行"。但当家长表现出愿意倾听青少年（尚未成型）的心声时，家长就能缓解他们这种独特的沮丧情绪。当青少年感觉自己逐渐形成的自我受到尊重时，他们就不再需要如此努力地让自己的声音被听到了。

第七章　对家长的无情批评：如何化解争吵

## "一点就着"的不只是青少年

　　正如前文提到的，青少年对负面情绪产生反应的速度很快。激烈的争论很可能会变得更加激烈和不理性。无论是青少年还是成人，所有人在一群情绪高涨的人面前都很难保持冷静，而且青少年大脑的强反应性往往会对家长给出怎样的回应产生影响。情绪的唤起是会传染的。

　　与来自儿童的批评和敌意相比，家长对于来自青少年的批评和敌意更加敏感。从青少年和儿童口中以相同音量说出的相同话语可能有着不同的意义。4岁儿童说出的"我恨你"和"我想离开，再也不见你了"只是一时冲动，不意味着真实情感的表达。如果这个4岁儿童的家长束手无策，同样无法保持理智，他可能会针锋相对地给出相同的回复："我也恨你！"但双方的怒火都会很快消退，爱意会冲刷掉所有负面感受。

　　而当14岁的莱斯对母亲说"我要你滚出我的生活"和"我恨你"时，其实从很多角度来看，她仍然像个4岁的儿童。她因为不能随心所欲而感到沮丧——她的母亲要求她在打扫完房间和完成作业之前不能去见朋友。在那一刻，这种沮丧充满了她的整个世界。就像4岁的儿童一样，莱斯无法超越当下涌动着的愤怒去看待事情。

　　但莱斯的母亲并没有像对待儿童那样，对青春期女儿爆发的愤怒做出反应。对于莱斯的母亲安妮特来说，眼前的女儿在过去一年里变得特别聪明伶俐。莱斯现在能够对别人的看法和价值观加以评述，在这一点上做得几乎与安妮特的朋友们一样好，甚至更加优秀。安妮特从她那个能清楚认识自己想法的女儿口中听到了"我要你滚出我的生活"和"我恨你"这样可怕的话语。她因此震惊，并且深深地感到伤心。她迅速而冷酷地反驳道："我也这么想。"

安妮特给出的回复我是从莱斯那里听到的。莱斯对我说："我不敢相信妈妈会对我这样说。我是说……当然，我也生气了。但我妈妈知道是怎么回事。我以前也有过特别生气的时候。就是……我知道我可能说得很过分，但她说的话真的让我震惊了。我一下就愣住了。我当时想要道歉……但是，你也知道，要做到得费点儿时间。然后她就走开了。她后来整整24小时都没跟我说话。太可怕了。"

没有人喜欢听到"我恨你"这种话，从与自己关系亲密的人那里听到这句话尤其令人痛苦。那么，当莱斯听到母亲如此冷漠地对自己的话进行反击时，为什么她会感到手足无措呢？事实上，莱斯对母亲的看法仍然和小时候一样：母亲强大、自信、总是掌控一切。这位善于评述他人观点的青少年并没有把母亲看作普通人。莱斯现在仍然通过儿童的视角看待母亲，使得母亲的形象被放大了好几倍。

面对孩子的批评，一些家长会掩饰自己的脆弱。当韦拉觉得她处于青春期的女儿克拉拉"不论自己说什么都会发怒"时，她

## 第七章 对家长的无情批评：如何化解争吵

说："我不在乎你怎么想。"她这样说的理由是："我必须表现出成人的样子。我不能让她看到她怎样影响了我。我亲爱的宝贝女儿以前觉得我无所不知，但现在却说我一无是处，好像我什么都不懂。这我可不容易接受。"

假装对一个不可理喻，而且有时充满敌意的青少年漠不关心似乎是很正常的。但养育一名青少年会带来意想不到的状况，这种正常的做法并不总是可靠的。当韦拉掩饰自己的脆弱，假装不为女儿的批评所动时，她也默认了女儿克拉拉心中"妈妈非常强大"的观点。克拉拉因此变得极具攻击性。韦拉伤感地说："她就是不能退一步。对她关心的其他人，她都不会说出对我说的那些话。"

克拉拉相信母亲说的"我不在乎你怎么想"。从这样的交流中，克拉拉得到的反馈是，不论自己多么愤怒，说的话多么残忍，都不会伤害到母亲。而安妮特传达给莱斯的信息则大不相同。安妮特给莱斯的回复"我也这么想"使这对母女处于平等的地位。莱斯因母亲的话而震惊，她随后意识到，自己现在能通过前所未有的方式伤害母亲。"我没想那么过分地伤害她。"莱斯告诉我，"我只是气得发疯，说话没过脑子。"

家长在孩子失控时自己也失去了理智，这样做并不明智。一般来说，失去理智并不是家长应该示范的行为。与之相反，我们希望能向孩子展示调节负面感受的方法。但是亲子关系的裂痕也为我们提供了一些机会。

第一，我们得到了向孩子道歉的机会——我们在这样做的时候，就是承认了每个人都会不时面临管控情绪方面的问题。第二，我们得到了解释自己为什么发脾气、自己当时感觉如何的机会——我们当时可能感觉受到了背叛，或者十分痛心，而这是因为我们非常珍视孩子的爱。在阐明自己的观点之后，我们可以邀请孩子也做同样的事。我们可以示范如何对自己做出的回应进行反思，以及如何在当时那种感受和意图的前提下看待自己的行为。这样一来，我们就能与孩子合作，或者共同调节他们神经系统中的风暴。

在韦拉和女儿展现出来的关系中，克拉拉觉得母亲"没在听"的行为表现出对自己的不尊重。对此，韦拉可以说明自己的焦虑，并将此当作讨论的焦点。"改变学科是很重要的决定。你能告诉我，你为什么要这样做吗？"韦拉可以这样邀请女儿说明自己的兴趣为何转变，让自己掌握的信息得以更新；克拉拉也能因此确信，母亲即使不同意这个决定，也愿意倾听她给出的理由。如果安妮特能对莱斯说："听到你说'我恨你'，我感觉很伤心。我希望你不是认真的，但是知道你哪怕只有一瞬间曾这样觉得，我也很难过。因为我非常爱你。"那么接下来莱斯就可以发挥自己在母女关系中的力量，弥合她与母亲中间这条（尽管只是短暂存在的）令人痛苦的裂缝。通过谈论强烈的感受、不去攻击对方，以及向对方提供帮助并建立联结，家长可以示范在亲密关系近乎破裂的时候，如何将这种纽带修复。

### 第七章 对家长的无情批评：如何化解争吵

每一种牢固的关系纽带中都会有冲突和愤怒的时刻。学习如何修复这些裂痕对维持关系至关重要。此外，在争吵结束后，如果双方都能阐明导致冲突的感受，关系就能得以加深，从而变得更加亲密。如果家长向孩子解释自己为什么会做出某种反应，并邀请孩子帮助自己理解他的观点，那么亲子间的争论就可能使孩子达到目的——让家长以新的眼光看待自己，并欣赏自己正在建立的新身份。

## 道德挑战

青少年喜欢挑战他们曾经认为理所当然的家庭观点。他们对自己曾经接受的规则持批评态度，并审视其基本原则，不论这些规则是由家长、学校还是政府制定的。青少年会钻研抽象概念，比如公平和正义，并且会迅速挑战关于对与错、重要与不重要、肤浅与深刻的普遍观点。正如莎士比亚观察到的，青少年会表现出"对长辈的不敬"，而这会使家长感到疲惫和恼怒。

随着视野扩展，青少年广泛接触复杂和抽象的问题。他们会思考幸福和公平对于他人来说意味着什么。青少年可以与那些面临着截然不同问题的人共情，这种能力能使他们的内心充盈，也能使他们丧失信心。他们问道："我能做些什么，才能让世界变得更好？"

青少年对自己新获得的推理和思考能力感到自豪，他们会单纯而清晰地看待道德问题。他们还不理解做一件好事能有多难、现在显而易见的事情以前可能并非一目了然，以及过上体面的生活需要人们做出多少妥协。青少年喜欢站在道德高地，指责家长鲁莽轻率、思虑不周，以及没有为环境破坏、资源浪费和气候恶化承担责任。当青少年找到解决办法时，他们就会相信取得好的结果是理所应当的。这会让青少年获得圣女贞德那样强的道德动力，但在家庭内部对此进行讨论却并不容易。

家长经常从孩子口中听到的另一种批评是："你很虚伪。"就像《麦田里的守望者》（*Catcher in the Rye*）中的霍尔顿·考尔菲德一样，许多青少年认为身边的成人是"假惺惺"的。家长称说谎是错误的，但他们自己有时也会说谎；家长会因孩子饮食不健康或者饮酒而说教，但他们自己也哀叹于无法拒绝高脂肪食物和啤酒的诱惑；家长抱怨孩子看屏幕的时间太长，但他们自己也离不开手机。

某种程度上，青少年这样不宽容是因为他们还没有经历责任、需求和价值观之间的矛盾，也没有经受过这些方面的考验。还记得青少年的大脑是如何应对重大风险和近在眼前的奖赏的吗？青少年会避免从大局考虑，而关注眼前的具体情况。当他们考虑宏大的问题，比如如何解决难民危机、气候变化和个人诚信问题时，他们会想象解决问题后获得的奖赏。对于"做点儿什么"的渴望来自青少年的超理性，于是他们只看到挑战和风险可能带来的积极结果，而不关注实施"好主意"的任何负面影响。

这种驱力和理想主义可以带来很多好处，而且家长可以帮助孩子更好地利用它们。孩子与家长进行道德争论的时候，就是挑战青少年（通常）过分简单的处事方式的机会。但为了吸引孩子，家长需要避免过于简单的争论。家长也需要抗拒诱惑，避免站在与孩子完全相反的立场。家长还需要控制争论的激烈程度，关注细节、乐于合作，向孩子展示倾听意愿，并且在被说服时愿意改变观点。虽然这样的争论可能会让家长感觉精疲力竭，但当青少年发现自己可以改变家长的观点时，他们会因获得主导感而激动。

## 如何应对青少年的批评

尽管青少年因家长"不懂""不理解""看不到""不欣赏"自己而沮丧，但当被问到"谁最理解你"时，他们给出的答案却令人惊讶。

当我向青少年提出这个问题时，他们会提到朋友，通常是某个让他们可以"什么都说"，并且"永远不会在背后说我坏话""总是陪在我身边"的特殊朋友。不过，朋友虽然确实处于列表的前列，但只占据第二位。青少年相信，最可能陪伴自己、帮自己解决个人问题的人还是家长。大多数青少年会说，可能理解自己的人是父亲或母亲；在苦苦挣扎时，他们最有可能对家长袒露心声，而且最有可能告诉家长一些隐私或"糟糕"的事情。

**读懂青春期孩子的成长信号**

当家长被问及在与孩子的关系中最希望得到什么时,他们最有可能回答"我希望她信任我""我希望他向我吐露心声""我希望她觉得,她能告诉我任何事""我想让他知道,我会一直在他身边"。作为家长,表现出即使与孩子的互动让你疲惫不堪,你也乐于这样做,能让你的孩子感到非常安心。

在孩子的批评和冲突构成的风暴席卷家长时,家长们要记住的又一个概念是"反脆弱性"。这个术语描述的是系统会通过反复承受平常的冲击而得到强化。例如,走路和跑步时的压力和震动可以保持并提高骨密度,暴露于细菌和过敏原中可以强化免疫系统。有些疫苗利用这种特性,通过将少量病原体(比如病毒)引入人体系统来触发免疫反应,从而使人体系统能够承受更高的载毒量而不生病。

反脆弱性为理解青春期的亲子对立提供了一个有用的框架。在被称为"错配与修复"的动态过程中,青少年表现出对家长回应的不满:家长认为孩子仍然是他们熟悉的那个年幼的儿童,却没有意识到孩子的想法、需求和能力都发生了变化。青少年对家长的这种错误假设进行质疑,激烈的争论引导家长重新考虑孩子当下的感受和需求。在被理解和管控的情况下,这样的争吵可以更新亲子关系,重新赋予其活力。反复地进行修复可以强化关系纽带,使其不再因不可避免的错配受到威胁。

如果没有这一动态过程,青少年就可能会放弃从家长那里得到真正的认可,而是维持表面的和谐,在家长面前戴上一副"面具"。如果家长不能忍受与孩子之间的争吵,并且阻止孩子为指出双方差异而做出努力,孩子就会陷入两难境地:"我是不是应该压抑自己的需求,藏起我了解到的那些差异,以保持我与家长的和谐?""我是不是应该继续抗拒家长的要求,以顺应我对自己是谁的认知,并且保持与家长存在分歧的现状?"经历多次错配与修复的关系会变得更加牢固,而避免分歧和争论则会使关系越发脆弱。

与所爱之人产生冲突当然是令人不愉快的,它会扰乱我们的情绪平衡。但当"错配"能通过争论和解释得到纠正时,由此产生的"修复"就会使亲子双方确信,他们之间的关系纽带是彼此有回应且安全的。

## 利用青少年的批评

许多家长坚持,"我绝不会让孩子那样跟我说话后还不受惩罚""我不能容忍这种不尊重"。他们还会问:"你是说我们应该容忍顶嘴的行为和恶劣的态度吗?"我的回答是:"改变不可接受的行为的最好方法是理解它的目的,以及它所表达的潜在需求。"

从青少年的角度看待他们的批评,可以使家长更深入地理解那些之前被认为是"不尊重"或"无礼"的行为。转换视角之后,"你错了/你并不是什么都懂"不再代表着拒绝,而是代表着孩子请求你近距离、带着好奇心地看待自己；批评不再说明"我的孩子很坏/不知感恩/不懂尊重"，而是代表着他们正在勇敢地应对青春期的挑战。

同样，通过理解使自己不断进行批评的驱动力，青少年也可以获益。当青少年反思自己希望家长"看到""理解""欣赏"什么时，他们就会明白，更有效的"身份提示"会如何引导家长看到自己是谁、理解自己正在变成什么样的人，以及欣赏自己想要成为的那种人。

我的方法并不以评估青少年应该或不应该"逃避"某种行为的后果为基础，而是以我数十年来与青少年和家长的合作中，对于什么方法有效、什么方法无效的评估为基础。当家长把孩子普通的批评视为拒绝或不尊重的象征时，他们会感到受伤和焦虑，于是快速地以批评回击孩子。家长通过不听孩子说话来表示自己的拒绝。受到孩子青春期混乱情绪的影响，家长有时会发脾气，而不是帮助孩子调控这些情绪。

人们给青少年的家长的常见建议是："当你向孩子提出合理的论点时，不要期望成功；当孩子让你沮丧时，不要感到惊讶。问题在于他们进入了不成熟/不理性/顽固的阶段。"我的方法更具挑战性，但根据我的经验，它对家长和孩子更有帮助。我想说的是："试着从孩子的视角看，试着理解孩子的感受。孩子的想法、感受和观点都是有意义的。"

不论是作为孩子还是作为家长，双方付出努力都是为了某种

## 第七章 对家长的无情批评：如何化解争吵

目的。在激烈的争吵中，孩子试着向家长重新介绍自己。当家长注意到亲子争论中充斥着的"身份提示"（"我知道自己在做什么""我不再喜欢那个了""我能自己做决定""你不信任我，这让我很难过"）时，他们就可以理解孩子话语中的隐含意义，并看到争论的积极目的。接受批评是很困难的，但听取孩子的批评是认识孩子这一过程的一部分。

对自己曾经与家长共享的宗教信仰和政治伦理观念进行广泛的批判，这一行为表现出青少年在勇敢地进行独立思考。他们是在练习人类进步所需的技能，而这也是青少年个人找到通向成年的道路所必需的。但不论青少年在宣称自己的观点比家长的观点更合理时显得多么自信，他们内心有一部分仍然依赖家长的观点。虽然青少年希望自己足够强大，能够不在乎家长的想法，但实际上他们仍然非常在意。所以，当家长能够超越批评和烦躁，能够听懂孩子批评中的隐藏信息时，他们就是在鼓励孩子继续努力去完成青春期的基本任务——重塑大脑和身份。

## 抵挡批评的伤害

由于批评（尤其是来自我们所爱之人的批判）很难被人接受，所以找到孩子真实意图的提示和能消解批评带来伤害的工具会对家长很有帮助。

青少年的批评通常意味着对重新校准和更新亲子关系的努

力。家长理解这一点对于减少防御性心理和平息争吵很有帮助。家长可以将孩子的批评视作机会，从而探索孩子想从自己这里获得什么。与其用"跟你说话没意义"或"我说什么你都觉得是错的"这样的话来回击，家长不如试着问问"显然我让你烦恼了，你能帮我理解你为什么烦恼吗？"

家长可能会听到"没有为什么"或者"因为你太烦人了"的回答。家长面临的挑战是，无论孩子说什么，都要通过看着他、等待他做出回应来表明自己愿意倾听。如果孩子说"因为你从来不听我说话"，家长可以通过要求孩子进一步解释来表明自己在听。一种值得效仿的回复是："你觉得我不听你说话。家长不听孩子说话，这确实是很严重的问题。看来我在这方面需要帮助。我们现在可以重新开始吗？我希望你能给我一个机会。你能说一些我现在需要听的话吗？你能帮我成为更好的倾听者吗？"

青少年可能需要一些时间来思考这个问题。有时候青少年其实也不知道自己想要什么。然而，他们可能会说："我说话的时候你在看手机。""我一说话你就站起来收拾桌子。""你总是打断我！"

努力养育青少年会让人感到卑微，而且听到这样的话也令人难过。但家长可以通过认可孩子的努力来指导他们明确表达批评的原因。说出"你说的话对我很有帮助"之后，家长应该提出一些与孩子刚才所说的话有关的问题。当孩子抱怨家长说了、做了什么，或者好像感觉到了什么，家长可以将此当作修复"错配"

的机会。比如家长可以说:"我很心痛,但没关系。我之前不知道我做了这些。但我看得出来,这看起来确实像是我没在听你说话。我以后会努力做得更好。"

当家长将孩子这种道德上的热情看作机会,将冲突提升到真正的对话这一层面时,家长就可以通过一些基本的规则让争论保持在正轨上。比如关于宗教、政治和气候变化的讨论不应包含对个人的批评或嘲弄,不要在进行这样的讨论时发出"你不知道你在说什么""我从来没听过这么愚蠢的想法""你不知道我那个年代是什么样"的质疑。记住,家长的观点本身在孩子心中就有额外的分量,而且孩子的激烈批评不是被肯定催生的,而是被怀疑塑造的。当家长表现出愿意向孩子学习时,极端激烈的争吵就不会出现。

第八章

# 青少年的脆弱：
# 挽救孩子的自伤行为

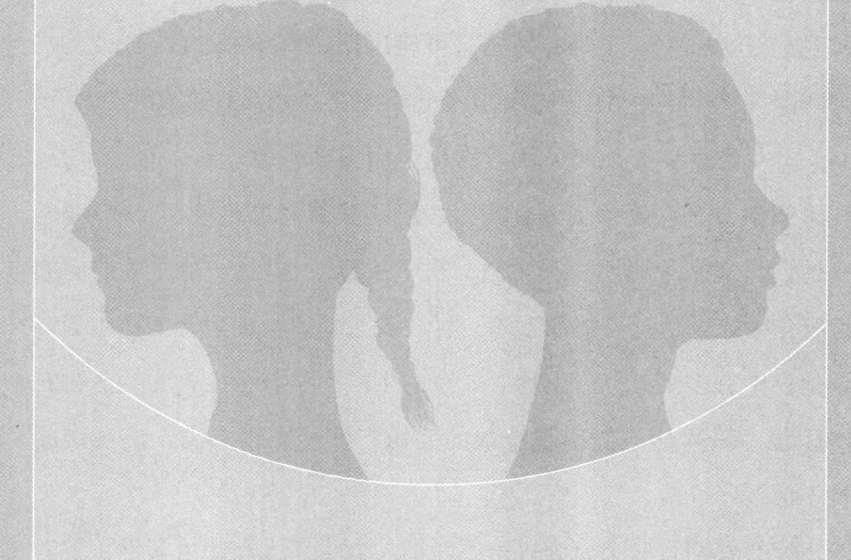

"我觉得我撑不下去了。"

当青少年了解到对他人感到渴望、对他人和（有时对）自己感到失望，以及热切地关心社会和道德问题是什么感觉时，他们的情绪就像坐上了过山车。大多数青少年会逐渐学会操纵、控制甚至享受不可避免的情绪高峰。但在某些情况下，这样的情绪跌宕会过于强烈。于是，问题有可能出现，而学习、社交、饮食、睡眠等青少年生活中平常的任务也会显得特别具有挑战性。

与青少年交谈时，我能看出他们多么机敏、多么有好奇心、思想多么有深度、多么有能力，但同时他们也非常、非常年轻。他们看起来很聪明、很骄傲、很"从容"，但我知道，从他们的视角看来，情况可能非常不一样。我想知道，他们会怎样生活？他们中有多少人能过上称心如意的生活，又有多少人的生活会充斥着一系列让他们举步维艰的妥协？谁会志得意满，谁会踟蹰不前？

青春期是一个充满机遇的时期。青少年大脑的可塑性（或者说重塑的潜力）增强，这使他们能快速获得技能和知识。当某一

## 第八章 青少年的脆弱：挽救孩子的自伤行为

大脑回路得到强化时，它引起的化学变化会影响附近的大脑回路，因此学习其他截然不同的东西也会变得更容易。青春期的积极成长有助于塑造敏捷、适应性强，而且有韧性的成人大脑。青少年进行探索、反思和挑战的能量和迫切感对所有人都有益——我们需要见解独到、打破常规、推陈出新的思考者来解决我们这个时代的重大问题。

但是，脆弱性与巨大的潜力相伴而来。青少年面临的一些风险，我们在本书前文已经讨论过了。在本章中，我们将着眼于另一层面的风险——精神疾病。在患有精神疾病的人群中，75%的患者在青春期首次出现症状。在本章中，我将关注青少年精神痛苦最常见的信号——自伤。自伤影响了10%～30%的青少年，并与抑郁、社会焦虑，甚至自杀相关。与威胁青少年福祉的大多数问题一样，只要我们理解青少年（心理）韧性的奥秘，自伤也是可以被克服的。

## 自伤的悖论

大多数人为了避免身体上的伤痛愿意去做任何事。无论伤口有多么小，仅仅看到伤口就会让神经收到信号，导致血管扩张和血压骤降。青少年热衷于展现"刀枪不入"的形象，他们似乎特别容易出现上述血管迷走神经反应。然而，相当多的青少年会故意通过击打、刀割或灼烧来伤害自己的身体。他们对自己身体组织造成的伤害通常是微小的，但人们对此的担忧远远超过伤害本身，因为自伤是预测自杀的最重要因素。

自伤的诊断标准为"在过去的一年中，有五天或以上的时间，有意对自己的身体表面造成伤害"。家长可能会在孩子进行自伤多年之后才意识到孩子有这种引起他们恐慌的行为。今年16岁的托比从14岁就开始进行自伤了。他一开始只是在大腿内侧割出细小的伤口，这个部位一般不会有人看到。现在，旧疤痕和新伤口已经蔓延到他的手臂，它们形成交错的痕迹，就像一副井字游戏的棋盘。疼痛和血迹会引起大多数人的焦虑和悲伤，但给托比带来了截然不同的感觉。托比解释道："痛苦让我冷静下来。我感到'哇，解脱了'，但又不止于此。我感到平和，真的会感到平和。只是看着我的血……这给我带来某种安慰感。这表明我是真实的。"

对有自伤习惯的青少年来说，疼痛成了一种调节情绪旋涡的方法，尤其是关于自我凝视和社会焦虑的情绪。像托比这样的青少年，当他们拿起刀子割伤大腿，或者将点着的火柴按在胳膊上时，他们就将关于自己被批评、拒绝、排斥或嘲弄的无尽担忧抛在了脑后。在无休止地思考自己是否让家长失望了、是否失去了朋友时，疼痛能让这种反刍思维停下来。托比说："'做我这种人'带来的羞耻，就这样消失了。"但这种羞耻从何而来？为什么托比这样备受喜爱、聪明健康的青少年，会因"做自己"感到羞耻呢？

## 第八章　青少年的脆弱：挽救孩子的自伤行为

在第一章中，我们了解了青少年的陌生自我。这部分自我源于青春发育期身体的快速变化。曾经熟悉的身体变得陌生，而其缺陷也变得一目了然。与此同时，青少年心智化的能力发生了飞跃——他们能够站在他人的想法、感受、意图和动机的角度看待他们的行为。自伤这种行为常见且令人不安和困惑。处在自伤相关研究前沿的心理学家相信，导致自伤行为的是不受控制的心智化能力。自我怀疑和自我凝视会导致青少年对所有情境进行过度思考，这一过程被称为"超心智化"（hypermentalizing）。在发生超心智化的情况下，青少年不断求索的心智会变成他们的敌人，导致对他人心智做出不受控制且通常是消极的假设。

当托比和朋友在学校走廊上的谈话被对方打断时，托比认为"他不想和我说话，他认为我一文不值"，而不是想"可能发生了其他事情，他中断我们的交谈可能不是因为我"。只要他变得心烦意乱，这种消极的猜测就会加剧。托比没有一笑置之，觉得"这种事常有"或想"下次有机会跟他好好谈谈"，而是将这件小事当作具有普遍性的经历，认为"我搞砸了每一段关系，我对所有人来说都没有用处"。

最终，这种消极的猜测在青少年心中形成了关于真实自己的核心观念——自己是一个毫无价值、令人反感的人。正如儿童青少年精神病学家楚蒂·罗索乌解释的："陌生自我的内在体验就像内在有一个折磨者。这是一种持续不断的内在批评、自我憎恨、缺乏内在认同以及预期遭遇失败的感觉。"

在消极预期的重压下，青少年的人际交往显得充满敌意且不受控制。因为不相信他人会同情或帮助自己，所以自伤的青少年不太可能谈论自己的感受。减轻焦虑和帮助解决问题的普通办法，如与朋友或家长交流，都对他们不起作用。与之相反，托比这样的青少年会退缩，而孤立又强化了他们的被排斥感。托比变得越来越易怒和有敌意。因为预期他人会拒绝自己或表现出轻蔑的态度，所以他会先拒绝他人。"我很好。"在朋友打电话询问近况时，托比不屑地回答道，"你在担心些什么呢？"青少年的陌生自我激发了他人的反应，而这些反应又证实了"没有人理解我 / 没有人想帮助我 / 没有人愿意在我身上花时间"的核心观念。

## 自伤有多危险

家长对孩子倾注了爱意和关怀，在看到孩子有意地伤害他们极力保护的身体时，他们会感到惊骇。没有什么比看到一名青少年故意抵抗保护自我的本能更可怕了。

非常令人担忧的是，自伤与自杀似乎只有一步之遥。自杀是青少年死亡第二常见的原因，仅次于意外（通常是鲁莽导致的意外）。可悲的是，在过去十年中，青少年的自杀率和自伤率均在上升，但大多数自伤的青少年并没有考虑自杀。他们是在寻找方法，以使自己从自我惩罚、自我强化的想法中解脱。对他们来说，在疼痛之后到来的是注意力的分散以及略带刺痛的平静感，

## 第八章　青少年的脆弱：挽救孩子的自伤行为

而这正是他们所寻求的。

一种常见的观点是，青少年进行自伤是在吸引关注。但事实与此截然相反。青少年会隐藏自己的伤口，并且在它们暴露的时候感到羞耻。他们会将任何关于割伤和烫伤的问题视作攻击。"没什么！""别管我！""与你无关！"是他们对表示关心的人的常见回答。

家长经常会问："什么会引发自伤？我如何保护孩子，让他们不出现这种问题？"令人困惑的是，对于那些将任何平常经历都理解为内在陌生自我的证明的青少年，所有社会互动都会引发他们的自我厌恶和焦虑。如果一段友谊变得不再亲密，青少年就会从中看到自己"缺乏价值"的证据；如果与家长发生冲突，青少年就会相信自己"令人失望""问题重重""丢人现眼"。这些青少年随后会得出结论，认为没人会陪在自己身边提供帮助，也没有人会帮自己管控内心的混乱和动荡。

自伤有时始于一次偶然的自我惩罚和愤怒行为。但当刀子割进身体，或者将火柴按在皮肤上时，青少年会突然感到解脱，于是他们得出结论："是的，太棒了。这就是答案。"这种行为引起的神经反应在大多数人身上会引发内在警报，但在这些青少年身上却催生了平静感并暂时使他们的自我折磨得到缓解。我们尚不完全理解为什么有些青少年会在感到疼痛和看到血液时产生这种神经反应，但正如我们将在本章末尾看到的，家长可以指导孩子更有效地管控痛苦情绪。

## 社交媒体：原因还是巧合

20世纪末，青少年的自伤率和自杀率出现了稳定下降，但从2008年开始，也就是第一代智能手机面世之后，青少年自伤和自杀的案例就又开始持续增加。现在的15岁青少年中约有95%会每天查看社交媒体，而且通常一看就是几个小时。人们常问："青少年自伤率和自杀率的上升与社交媒体有怎样的潜在联系？"

当伊恩·拉塞尔发现他14岁的女儿莫莉死在卧室里时，他的心中瞬间被愤怒和悲伤填满。伊恩坚持认为女儿没有表现出任何心理健康问题的体征和症状，他将女儿的死归咎于社交媒体。莫莉一直在看那些宣扬自伤和自杀的网站。这位悲痛的父亲认为，是网上的这些内容驱使女儿结束了自己的生命。

我们在前面提到过，社交媒体为青少年提供了一些保护。如果没有社交媒体，青少年因孤独、无聊和沮丧受到的打击可能更加严重。但正如我们所看到的，青少年对他人的看法极其敏感，批评、嘲笑、拒绝和霸凌对他们来说都是巨大的应激源，而社交媒体为这些应激源敞开了大门。社交媒体的负面效应可谓恶名昭著，它让人们更容易关注羞辱或嘲笑的评论，而不是去关注带有支持性的信息。社交媒体上的信息简洁而迅速地将浅薄的价值观传播开来，而这些价值观强调外表而非内在，强调假象而非真实。但从前文中我们也看到，做出添加正面的关注对象这样微小的改变就可以提高青少年社交媒体使用的健康度。

## 第八章 青少年的脆弱：挽救孩子的自伤行为

起初，社交媒体被认为可以促进人们之间具有支持性的联结。有时它确实做到了这一点。第三章中提到的菲利普有听力障碍，虽然他可以在普通学校中学习，但他也喜欢通过社交媒体与全国范围内其他具有听力障碍的青少年交流。菲利普可以向这些同伴问"怎么和听力正常的女孩聊天？""你们的家长会怎样让你们难堪？"之类的问题。他还可以在社交媒体上得到关于如何读唇语、如何说服家人和朋友学手语及其他技能的建议。

但青少年共享的某些兴趣却有着可怕的阴暗面。有厌食障碍的青少年会找到一些网站，从上面学习如何欺骗家长和医生，让他们相信自己吃了东西。一些网站会为贪食症患者提供餐后催吐技巧方面的建议。还有一些网站会强化患抑郁症青少年的消极想法，让他们相信活下去没有意义、自己永远不会得到满足，以及唯一的解脱方法就是死亡。这样的网站还会展示"成功自杀"的步骤，从而引导一名痛苦的青少年对自身问题做出最糟糕的反应。

许多家长认为是社交媒体造成了这种痛苦和灾难。一些研究人员也声称，他们找到了过去十年间社交媒体使用率提高与青少年自杀率上升之间的因果关系。但即使是基于所有可用信息进行的最广泛且细致的分析，也没有找到社交媒体导致青少年自杀或提高他们焦虑及不开心水平的证据。最好的研究结果表明，尽管社交媒体的发展与青少年自伤和自杀案例的增加同时发生，但两者之间的因果关系是复杂的。抑郁和焦虑的青少年经常通过社交媒体寻找同样痛苦的同伴。

然而，这种基于统计的观点与家长的直觉相悖。家长认为社交媒体就是孩子不开心的原因，坚信孩子在看到上述网站前从未表现出精神痛苦的迹象。但令人意外的是，青少年实际上善于隐藏自己的不开心。虽然青少年有时会想让全家人都感受自己的痛苦，但他们通常不想让家长担心。孩子们坚信，家长的焦虑只会增加自己的悲痛。16岁的苏内特拉解释说，她不想把"心中的黑暗"告诉家长。"他们会因此难过，那样情况就更糟糕了。"

家长们坚持认为，Reddit上的帖子或者某些标签下可能出现的阴暗内容会"导致青少年抑郁"或"诱使青少年自伤"。但青少年主动寻找这样的网络空间是因为他们已经有抑郁问题或是自伤的想法。危险在于，上述网络社群将他们的负面感受放大并常态化了。这些平台采用了旨在"服务"于"用户"兴趣的算法，却诱导痛苦的青少年接触令他们痛苦的内容。当青少年陷入痛苦，他们会忘记自己约了朋友出门，或者报告就快写完了这样令人愉悦的事。当下的痛苦会令他们生活中的一切其他事物都黯然失色。

社交媒体可以使青少年的情绪恶化，但朋友不友善的眼神、与家长的争吵，或者因某种原因使青少年感到不堪重负的电影，同样可以导致他们的情绪恶化。此外，有自伤想法或自杀念头的青少年往往朋友圈很小。他们会在痛苦时寻求朋友做自己的同伴，并强化彼此的绝望感。危险并不是仅仅存在于社交媒体上。

### 第八章 青少年的脆弱：挽救孩子的自伤行为

可悲的是，不论是在浏览网站评论区、私下与朋友交谈，还是独处的时候，青少年有时会忽视一切，只看到眼前的痛苦。就像托比解释的："告诉我'下个月或者明年就好了'一点儿用都没有。当我陷入这种状态时，我担心的是如何熬过接下来的五分钟。"由于青少年的大脑容易沉溺于当前的情绪，所以他们会忘记很多可以带来快乐、趣味和满足感的事情。

这就是家长、朋友或老师很难"预测"青少年出现情绪问题的原因。即使是致力于帮助青少年几十年的专业人士，也很难判断一名青少年表现出来的不开心是否预示着重大风险。但是，大部分青少年虽然不能有足够的远见去思考五分钟之后会发生什么，却也能从负面情绪中幸存下来。如果我们找到了青少年心理韧性的来源，那么我们就可以引导他们获得安全。

## 基因脆弱性与基因韧性

对青少年脆弱性和韧性的新理解导致心理学家对青少年心理健康的研究方法发生了重大转变。现在的心理学家不会问"为什么这名青少年产生了心理疾病"，而是会问"既然青少年的日常环境如此具有挑战性，为什么还有很多青少年能够茁壮成长"。现在的心理学家也不再探究每一种心理疾病的病因，而是关注一种神秘的品质——心理韧性，也就是走出逆境的能力。为什么有些青少年能够承受友谊中的压力、未来的不确定性以及家长和老师苛刻的期待（这种要求有时高得不可企及，有时低得令人难堪）？为什么很多青少年虽然在儿童期经历了逆境，比如家庭破裂、偏见、压力、社会动荡，甚至暴力，但仍能茁壮成长？青少年获得心理韧性的秘诀是什么？我们该如何培养心理韧性？

在过去几十年里，心理学家一直在青少年心理健康和心理疾病的两种解释中择一进行研究。第一种解释基于"家庭环境如何"这个问题。家庭环境中的一些不良经历，如暴力、虐待、忽视、父母离世、精神不稳定、物质成瘾，被视为青少年困境的预测因素。第二种解释涉及基因问题。因为学界发现特定的基因与酗酒、抑郁或精神分裂症相关，受此启发，心理学家开始研究基因组成。他们发现心理韧性似乎也有特定的基因标记，"蒲公英"型儿童和"兰花"型儿童的概念开始流行起来。蒲公英坚韧，以它命名的基因使儿童和青少年从逆境中恢复；兰花只在严格控制的环境中才能繁茂生长，以它命名的基因使儿童和青少年面临精神痛苦的风险更高。

这种心理韧性的遗传模型持有绝对赋予和绝对剥夺的观点，就像是说"有些青少年天生就有心理韧性，而另一些天生就没有"。幸运的是，关于人类发展的科学已经摆脱了这种模式。首先，研究人员发现"兰花"型儿童通常能保持良好的心理健康。只有在童年期受过虐待或被忽视之类的不良对待时，这类儿童发展成抑郁症的风险才会增加。科学家们意识到，这种起到关键作用的"兰花"因素不是强大或脆弱，而是对环境更高的敏感性。

## 第八章　青少年的脆弱：挽救孩子的自伤行为

因此，面对环境恶化，"兰花"型青少年可能比"蒲公英"型青少年面临更高的风险；但在被积极影响包围时，"兰花"型青少年比"蒲公英"型青少年获得的益处也更多。在某种环境中，"兰花"基因带来了问题；但在另一种环境中，它则可能带来好处。

关于基因如何随环境变化而改变的新发现表明，先天因素和后天因素之间有错综复杂的相互影响，因此难以区分。虽然我们的 DNA 一生都与出生时相同，但许多基因会随经历开启或关闭。贫穷、战乱或悲伤可能会开启疾病、抑郁或暴力的基因；深厚坚韧的友谊、循循善诱的老师或者偶然参加的音乐会或棋局，都可能开启有助于发挥天赋的基因，或是关闭另一种导致攻击性的基因。

此外，单个基因甚至单个基因组都不能决定某种性状的表达。实际上，它们以一种很难预测的方式相互联系。这些"韧性基因"非常多变，因而大多数年轻人都处于中间阵营。这些年轻人现在被贴上了"郁金香"型青少年的标签。郁金香既不像兰花那样娇嫩，也不像蒲公英那样健壮。它不确定的韧性显示了拥有相似基因的年轻人之间的差异。如果携带"蒲公英"基因的青少年在不利的环境中长大，他们就更有可能受到额外压力的负面影响；如果携带"兰花"基因的青少年在充满支持和激励的环境中长大，他们就可能不会那么脆弱。特定基因能产生哪些特征既取决于这些基因与其他基因连接的方式，也取决于基因是开启还是关闭状态。

如果青少年所处的环境和基因都使他们变得脆弱，但青少年本身却表现出心理韧性，我们便能清楚地从他们身上观察到心理韧性的秘密。看到那些青少年如何茁壮成长时，我们也就得到了指导方针。于是，无论我们的孩子有怎样的基因构成、经受了怎样的不良经历，我们都能够培养孩子的心理韧性。

## 心理韧性与基因差异

在接受基因韧性研究的人群中，大约50%的人具有至少一种"兰花"基因。17%的人有两种，这使他们成为"纯种兰花"型青少年。人们认为，这些"纯种兰花"型青少年面临终生困难的风险更高，特别是当他们没有从家庭中获得支持，并且经受压力和挫折时。

那么，为什么有些从基因层面上看容易患精神疾病，同时缺乏家庭支持、经历过逆境的青少年仍能保持心理韧性呢？这些身处困难环境且易患病的青少年又是怎么恢复健康的呢？"兰花"型青少年需要什么样的力量，才能将有缺陷的心灵改造成健康的呢？关心他们的人如何才能在混乱和危险的环境中，发现这些青少年拥有却被掩盖了的生存技能呢？如何才能滋养这些青少年被压抑的生命力，使其恢复呢？

正常的青少年也可能看起来很不安，这使得关于青少年心理疾病的研究复杂起来。正常的青少年也会表现出易怒、拒绝敏感

## 第八章 青少年的脆弱：挽救孩子的自伤行为

却又需要他人、消极的自我形象以及容易莫名其妙地爆发，而这些正是一些心理疾病的核心诊断特征。心情低落、爱哭、易怒以及睡眠紊乱在青少年中很常见，但它们也可能是心理疾病的症状。将青少年面临的正常危机和不施加特殊干预就不太可能自然消退的症状区分开来，对研究人员来说是一个挑战。

一组心理学家出色地应对了这一挑战。他们追踪了 67 名因患有严重精神疾病被关在精神病院中的青少年。这些青少年的家庭环境都是混乱且负面的，他们中的大多数人都曾遭受多种虐待和忽视。不需进行基因检测就能知道他们具有脆弱性——他们严重的病情就能证明这一点。

这些受困扰青少年的康复率并不高。在入院 12 年后，他们中的大多数人（约 86%）仍然饱受苦楚且极度不愉快。但是其中 9 名青少年（约 14%）康复了，他们变成了有能力、愿意相信他人，并且成功的成年人。

这 9 名具有心理韧性的青少年有什么不同？他们的秘密力量是什么？在所有案例中，生活压力都是以被忽视和被虐待的形式呈现出来的——这些青少年的经历都是相似的。他们在青春期早期遭受的心理疾病与那些未能康复的青少年同样严重。为什么这些青少年能够克服逆境，找到通往健康的道路呢？

起初，发育生物学的科学家倾向于研究基因，或者研究逆境如何改变青少年的大脑。但在仔细检阅青少年住院时和后续护理过程中的面谈资料之后，他们找到了自己的目标。在 9 名康复的青少年和更多未能康复的青少年之间，研究人员发现两组青少年的关键区别在于他们讲述自己生活故事的方式。

未能康复、持续面临困境的青少年在谈论自己的生活、反思自己为什么做了某件事，或者为什么别人会做出某种举止时无法保持专注。他们的描述是脱节的，他们对故事的叙述是迂回的。当被追问更多细节时，这些青少年就会耸耸肩，说"事情就是发生了"或"就是这样做了"；当被问及他们自己的感受时，他们就会坐立不安、心烦意乱，或闷闷不乐、默不作声。

而那9名恢复健康且在成年后积极生活的青少年讲述自己和他人事情的方式就非常不同。他们会对生活的改变和人际关系进行反思。他们会强调他人感受和需要的重要性，对他人的观点和意图有反应。这些青少年也会从自身需要和希望的角度看待自己的行为。这些青少年的叙述密集而复杂，与其他患病青少年讲述的简单、平淡或无组织的故事形成鲜明对比。

这些有心理韧性的青少年并不总是一开始就能进行这样细致和连贯的叙述，但他们愿意去理解自己的感受，以及他人的感受、想法和动机。16岁的蕾切尔曾说她自己的家庭"多少算是个家——但并不是真正的家庭，只是某种程度上像个家罢了"。但她后来逐渐摆脱了这种描述。蕾切尔不断努力阐明自己的观点，随后她很快明白了通过他人的想法来理解他们的重要性。"他们很不安，但如果他们什么都不说，我就不能真的理解他们的感受。我只看到他们在生气。"蕾切尔还不明白他人生气的原因，但她

## 第八章 青少年的脆弱：挽救孩子的自伤行为

理解了"他们有何感受以及为何有此感受"这个问题的重要性。

皮特 14 岁时曾偷了一把枪并把它带到学校。一开始，当被问及为什么要这样做时，皮特对此不屑一顾而且非常不耐烦。渐渐地，治疗师提出的问题促使他确定了这样做的动机。"如果你只有在别人害怕你时才能感到安全，他们可能会不想出现在你身边。但如果他们不害怕你，那可能说明是你不想在他们身边出现了。"当理解了自己为什么想要一把枪（吓唬他人好让自己感到安全）后，皮特就想到，即使在没有枪的时候，他也会避免见到令他感到不安全的人。皮特随后意识到，他可以自己选择与哪些人接触、交往。

那些学会了讲述自己为什么做某件事、能够注意背景信息，以及后来变得能够反思自己和他人动机的青少年，都能够茁壮成长。与之形成鲜明对比的是，那些没有康复的青少年无法解释他们为什么要做某件事。当动机受到质疑，这些青少年会变得恼怒。他们可能出现的反应种类很少，而且其中大部分会造成负面效果。他们会在不危险的情境中感到危险，并且不合时宜地以防御和攻击的方式回应无伤大雅或友善的言论。这些青少年似乎无法认识到，他们目前所处的环境可能与他们童年时身处的恶劣环境有所不同。

在我访谈过的青少年身上同样能看到，当固定、狭隘、消极的反应被具有反思性的理解取代时，心理韧性就随之出现了。17 岁的梅尔曾因自伤接受伤口缝合及抗生素治疗。起初，她拒绝接收新信息,并且对所有让她对自己的行为做出解释的要求都抱有敌意。我们第一次见面时,一开始她拒绝承认她的伤口是自己造成的,然后否认这些伤口"有任何意义",并用"我就是做了,行吗?你还想怎么样?"来结束谈话。她对有关她感受的问题不屑一顾。"你生气吗?""我为什么生气?""你焦虑吗?""不怎么焦虑。""你悲伤吗?""问这个有什么用?"

我们第二次见面时,她已经回到学校准备考试,并且对家人充满感激。"(那时候)我真的很生气,觉得所有人都没用。我讨厌见到任何人,而且他们说的每句话都让我感觉更糟。我现在觉得,当时我妈妈没法跟我谈话……那太难了。当时我只有在用刀割自己的时候才感到安全。我们谈论这件事的时候,我妈妈哭了。她说她当时吓得动不了。我现在试着不让她害怕。"

在有心理韧性青少年的应对策略中,也没有什么令人舒适的或可预测的东西——他们早期的努力也会失败,他们也会犯很多错,并遭受很多自己导致的挫折。但是,当有了强有力的个人叙事或让他们的生活合理且有意义的故事后,他们就更有能力去应对青春期中那些不可避免的挑战了。当青少年能够为最黑暗的感受命名,能够理解自己遭遇的逆境或虐待时,他们就能将痛苦的经历放在更广阔的背景(一种除了困境外也同样会有好事发生的背景)中对其加以审视。青少年需要安全地克服给他们带来压力或造成痛苦的情境,并检查他们做出的选择,以便在未来做得更好。

## 第八章 青少年的脆弱：挽救孩子的自伤行为

心理韧性不仅有治愈疾病的能力，还有让人在失望、受伤或面临压力时仍能保持自信和健全的能力。有心理韧性的青少年能够从情绪、想法和意图的角度看待自己和他人的行为。他们理解自己的行为会怎样影响他人，并且能够相应地调整自己的行为，这使他们在人际交往中拥有主导权。这些青少年能够修复所有关系中出现的小故障。他们乐于接受他人的反馈，并且足够灵活，能够调整自己关于他人感受和动机的信念。这些青少年能够发展出高情绪粒度，也就是看到一系列情绪之间的细微区别并说出它是什么的能力（关于反思和情绪粒度如何影响大脑和身体的解释，请参阅第三章）。他们将自己看作做出选择、制订计划并决定如何表现的主导者。

心智化包含上述所有技能。这种理解的基本模式能帮助青少年建立起能够支持他们的亲密关系。当青少年从自己的感受、意图和愿望的角度理解他人的行为，明白自己的行为会影响他人的感受和意图时，他们就更容易交到朋友并维持友谊。当青少年能够分辨诸如焦虑、失望和悲伤的感受并对其进行反思时，他们就更有可能反思自己的情绪，而不是通过攻击他人来表达这些情绪。基础的自控能力可以增加这些青少年与他人进行积极互动的可能性，而这些人随后也可能使青少年感到被理解和被欣赏。

正如我们看到过的，心智化的能力是后天习得的。我们最早在婴儿期学会心智化能力，但在青春期快节奏的心智变化中，这一能力必要的拓展和完善可能受到阻碍。有时，在考虑青少年的观点并提供"使患者获得希望的易懂方法"的治疗师的帮助下，青少年能在治疗关系中重新掌握心智化能力。再者，只要青少年所爱之人将青少年挂在心上，在青少年大脑回路快速发展时倾听、支持他们，与他们互动，青少年就能继续在亲密关系中发展心智化能力。

# 总结与练习

家长想要理解自己的孩子，他们很同情孩子的挣扎。但当家长试着与孩子谈话时，他们却经常被指责是在"窥探"孩子的内心；或者，当家长问孩子发生了什么事或有什么感受（因为家长想要理解孩子并提供帮助）时，孩子的回答却总是"我不知道"。

尽管青少年不希望家长知道自己的所有事（他们看重隐私）或猜测自己的事情，但他们却希望得到理解。本书的一个目标是提醒家长，尽管孩子会表现出尴尬，但他们确实希望得到支持；本书的另一个目标是帮助家长理解孩子发出的要求家长"多了解我"的信息——孩子发出的身份提示、对家长误解的不耐烦，以及为了让家长认识和修正他们的误解而对其施加的压力。

当你们沟通不畅，你感觉自己与孩子疏远时，你还可以采取一些额外的步骤来表示你愿意为孩子提供帮助，以及你确实把孩子的难处放在心上。

## 第八章　青少年的脆弱：挽救孩子的自伤行为

**1. 一个简单的步骤是在你和孩子出门和回家时跟孩子打招呼。**

平视的目光和好奇的眼神传递出的基本信息是，你想了解孩子。对青少年来说，"你今天过得怎么样？"和"你还好吗？"这样的问题有时听起来似乎很敷衍，他们只会咕哝一声以示回应。但请记住肢体语言的重要性。你需要四肢放松、静止，保持沉稳、中立的眼神，有规律地呼吸，向孩子发出"我有时间听你讲话，我会在你讲话时保持耐心，而且我非常冷静，能够接受你说的任何事"的信息。有时，家长的任务不是立刻开启一场深度谈话，而是留意孩子发出的邀请或敞开的心扉。

**2. 在和孩子谈话时，请确保谈话不只围绕你的议程展开。**

你作为家长的议程包括提醒孩子你认为他们应该做什么、他们的态度应该是什么，以及他们应该优先考虑什么。当沟通遇到困难时，家长需要暂时搁置计划。如果孩子不相信你为了回应他们而做出的积极表现，他们就不太可能遵守你的议程。

**3. 避免就孩子的心境、脾气、人格或秉性发表听起来消极的言论（包括提出问题）。**

不要问"你为什么总是说话带刺？"或者"你为什么不能振作一点儿/跟朋友出去玩/多锻炼锻炼？"之类的问题。即使这些问题出自好意，青少年也会将其当作批评。而且，虽然青少年希望家长接受数量庞大的批评，但他们在被家长"评判"时却会感到恼怒或深深地受伤。

相反，你应该试着与孩子互动，去了解他们的兴趣、活动或想法。如果在你问"我们能一起做些什么？""你感觉如何？""你为什么这样做？"的时候，孩子的回答是"我不知道"，那么你反而应该问更多的问题，而不是更少的问题。

**4. 从孩子口中引出故事。**

如果你要询问孩子有何感受，你可以提供一系列孩子可能具有的情绪的清单："你感到悲伤/生气/欣喜/解脱/挫败吗？"接下来，你可以问问孩子，他是在什么背景下或者从什么事件中产生了这种感受。你可以从不太可能引起争论的事情入手，比如学校给出的积极评价、第一堂驾驶课、与朋友一起进行的远足或者一次体育活动。最初的关键在于，你不是要获取信息，而是要开启（或者再次开启）一场让孩子觉得能表达想法、观点和感受的谈话。

追踪你自己的行为和感受也很重要。你是否表现出你在倾听？你会追问孩子一些问题，并在对话中提及孩子已经给出的信息吗？有时，当你听到孩子说他们想做什么或有什么感受时，你会焦虑或生气吗？

### 5. 不要否认你的感觉。

专注于你的感觉，而不是责怪孩子"害得"你有这种感觉。你可以讲一个关于你为什么担心的故事："我大学时有一个朋友很不开心，因为她什么都不想做。我曾试着帮她，但我觉得我的帮助没起到什么作用。她现在过得不错，而且我们还是朋友。但我还记得当时我觉得有多么无助。这可能影响了我现在的感受。"你可以向孩子解释你为什么生气："在你不想跟我说话时，有时候我觉得你是在拒绝我，或是在拒绝我的爱。我不知道这只是我单方面的理解还是真的是这样，但这就是我大喊大叫的原因。我觉得很受伤。"通过这样的方式，你便向孩子示范了如何反思感受和行为。

### 6. 为应对孩子的自伤行为或自杀意念建立危机预案。

该预案包括在危急情况下可以求助的专业人士名单、急救中心的地址，以及在短期内确保孩子安全所需采取的一系列措施的列表（比如在孩子的房间里陪他睡觉）。

虽然自伤的青少年需要专业的指导和监控，但强大的亲子关系在孩子的康复和心理韧性中起着非常重要的作用。正如我们看到的，自伤起源于扭曲的心智化，青少年因此认为人际关系意味着羞辱和排斥。家长可以帮孩子理解他们自己和他人的想法及意图。

当你觉得孩子的健康受到严重威胁时，你需要倾听他们关于伤害自己的想法——这个要求对家长来说很难做到。一些家长担心，如果让孩子谈论非常消极的想法，那么他们严重自伤的风险就会提高。但事实并非如此。谈论这些想法（有时被称为自杀意念）并认可孩子的感受会降低他们自伤冲动的强度和紧迫性。无论孩子说什么，陪伴他们、倾听他们说话都有可能使他们稳定下来和安抚他们。

**7. 在你耐心地倾听了孩子的消极想法后，让孩子谈谈他们喜欢做的事情。**

他打算这周晚些时候去见朋友吗？她想试试什么新化妆品吗？试着找到一些方法来提醒孩子，他们身边还有不同的地方可以让他们融入其中、玩得开心。

青春期的脆弱性可以逐渐被心理韧性取代。青少年对于理解和欣赏、倾听和共情的需要不会停止，但他们会变得更加容易满足。随着青少年的大脑逐渐成熟，管理冲动和表达自己的需求对他们来说会变得容易得多。但在那之前，养育的艰苦工作必须继续下去。

第九章

# 青春期心身矛盾：
# 读懂孩子的症状

"我讲不出来，但我的身体会告诉你。"

青少年处于学着分辨新的情绪并解释体内不断变化的感觉的过程中。与此同时，他们也试着破译自己是谁，以及自己是如何看待他人的。不同青少年的心智和身体错综复杂地联系着，但有时，从一名青少年传递到另一名青少年的信息，也会使他们困惑，让他们思考自己感觉到的是什么、自己是谁，以及自己应该变成什么样。正是在这种心与身的谜题之中，常见的青少年问题出现了——不健康且危险的进食习惯、惊恐发作，以及似乎不能通过医学理论解释的疼痛或嗜睡，等等。这些症状令家长非常困扰，他们觉得内疚（"我做了什么才让孩子出现这种问题"）、无助（"我不知道该怎么办"），并且在错误地推断孩子已经"损伤""破碎""总是面临风险"时深切地感到悲伤。然而，有家长陪在身边的青少年很有可能完全康复。

## 进食障碍：问题不在于精神，而在于身体

就在青少年的自我凝视最严重以及他们最可能对自己的外表感到不满意的时候，同伴的接受和赞美也开始对他们有着至高无上的重要性。伴随着满心的自我怀疑，他们想："我喜欢和仰慕的人怎么可能觉得我有吸引力呢？"青少年的镜中我使他们的真实形象变得模糊了。当青少年看着镜子中的自己，他们不会问"我看起来怎么样"而是会思考"别人会怎么看我"。他们不能评估通过自己的眼睛看到的证据，而是搜寻他人可能探测到的缺陷。

青少年似乎不知道正常青少年的身体看起来应该是什么样的。他们对于自己"看起来应该是什么样"的评价标准包括儿童期晚期（青春期前期）的特征和覆着"瓷娃娃"般光洁皮肤的理想身材。为了评估青少年对于正常身体发育持有的观点有多么实际（或者说有多么不实际），我让一组14岁的青少年猜测一系列照片中的青少年有多大年纪。不论是男孩还是女孩，这些青少年都认为照片中12岁的孩子看起来有15岁，而15岁的孩子看起来有18岁。

接下来，我让一组18岁的女孩分别看了四张她们自己的照片。第一张照片是未经编辑的，第二张照片经过编辑让她们看起来体重轻了约5%，第三张照片让她们看起来重了5%，第四张照片让她们看起来重了10%。当被问及"这些照片中的哪一张最符

合你的真实形象"时,这些女孩中超过半数的人都选择了让她们看起来更重的照片。这组女孩中只有 8 人认为未经编辑的照片是"最准确的",而只有 5 人比起经过编辑的照片更喜欢未经编辑的照片。这组女孩中有 42% 的人希望自己变得更瘦,并且相信自己的体重比实际上更重。

在许多家长心中,最重要的问题是"如何才能让孩子相信她真的很美""怎么才能让孩子不再一直担心自己看起来怎么样"。这些家长曾对广告商进行游说,要求它们采用正常体型的模特、给经过编辑的照片打上标签,希望"本照片经过编辑"的提示能提醒观众"不要以为你看到的就是真的"。但这些努力都收效甚微。

许多家长将这些工作带到家里。他们不允许孩子玩身材不真实的玩偶(比如经典的"芭比娃娃");在听到孩子发关于自己身材的牢骚时,他们会用赞美反驳孩子的自我怀疑。同时,这些家长也不愿认同"外表很重要"的观点。利巴的母亲说:"我告诉她,她很美。但我并不强调这一点。我不希望'美丽'这件事变成她最大的优点。"加文的母亲说:"我坚持让我的两个青春期的孩子(一个儿子一个女儿)积极参加体育运动,从而提醒他们,他们的身体能做到什么。"

很少有家长觉得自己的努力有所成效。"外力实在太多了。"利巴的母亲告诉我,"我记得我当时想要切下自己身上的肉,塑造一副新身体。那种念头太可怕了。幸好我的家人坦然接受我的外

## 第九章 青春期心身矛盾：读懂孩子的症状

表，帮我摆脱了那种想法，使我保持了原样。但是我可怜的女儿整天抱着手机，看着社交平台上那些'P过'的照片——她想要变成那样。她想变成那种'美丽无脑'的花瓶，我的心都要碎了。"

关于理想身材的扭曲观念已经越来越深地扎根于我们的文化中。家长和老师高喊着"这种观念不健康，那些形象不是真的"，但却徒劳无功。正是这种环境导致了厌食症和其他进食障碍的滋生。虽然美国只有1%～2%的青少年被诊断为患有进食障碍，但据估计，10%的青春期女孩有节食和身体意象方面的问题。同时，越来越多的青春期男孩（2%～3%）也在使用不健康的方式控制体重；还有更多的男孩因不满自己的身材而过度锻炼，或是尝试使用类固醇来达到他们心目中理想的强壮身材。在那些对自己的生理性别感到不自在的青少年中，对自己身材感到不满的比例甚至更高。

人们认为，被诊断为患有进食障碍的那1%～2%青少年与上述有节食问题的10%的青春期女孩这一更大群体之间的区别，可能在于他们的基因和新陈代谢。然而，这些问题的根源其实是负面扭曲的身体意象和他们对外表缺陷的执着，而持有这种观点的人远不止被确诊患进食障碍或躯体变形障碍的青少年。

尽管现在青春期女孩持有的观念和可获得的机遇发生了变化，但外表的重要性和关于"何为美"的枷锁仍然存在。但在我探究青少年自己的观点时，他们很少会问"我该如何抵抗不健康文化的压力"，而是更可能会问"我怎样才能变得符合这种理想形象"。患厌食症和贪食症（90%的患者是女孩）的青少年说："你所谓的'进食障碍'并不是问题所在。它只是我的问题的解决方法。"

当15岁的乔吉看着自己的身体，无论是腰部、腿部、臀部还是手臂，只要她看到脂肪，甚至是看到有脂肪的迹象，她就认为那是丑陋的。她在别人眼里曾经是身材匀称、婀娜多姿、丰满姣好的，曾受人艳羡，但她却决定通过锻炼把身上所有的脂肪都减掉。她瘦骨嶙峋的身材、明显的肋骨轮廓和凹陷的脸颊让家长和路人胆战心惊，而她却将这些看作自己的"成就"。

一年前，没人相信14岁的乔吉会有患厌食症的风险。那时的她身体结实、肌肉强健，而且不像她的很多朋友那样担心自己的外表。乔吉的母亲劳雷尔告诉我："她从来不会缠着我要什么时髦衣服、名牌鞋，而且她穿着小时候穿的那种衣服好像也很开心。她在15岁的时候突然变了，我不知道发生了什么，然后她突然就开始只吃黄瓜和芹菜了。我绞尽脑汁也不知道这是为什么。她以前从不在意饮食，我就没见过她节食。我也不节食。她还有个朋友，我敢肯定那个女孩有贪食症——天啊，我一想到那个女孩就生气。那姑娘吃东西总是鬼鬼祟祟的。只要她在，不管什么食物都会立刻消失得无影无踪。不管在什么派对上，只要有蛋糕或是别的什么好吃的，她就开始狼吞虎咽。我有点儿觉得乔吉的问题就是她引起的。我是说，这些问题会传染。"

说某种心理障碍能"传染"听起来很奇怪。传染是指某种病

## 第九章　青春期心身矛盾：读懂孩子的症状

菌会从一个人传递到另一个人身上，而心理疾病不是由任何病菌导致的。但劳雷尔的说法涉及一个重要且令人困惑的特征：进食障碍（包括厌食症、贪食症和暴食）的患者通常成群出现，就像传染病一样。为了探究乔吉所在的这个患病群体中有着怎样的思维倾向，我与那名被怀疑有贪食症的"坏朋友"沙恩进行了一次谈话。

我知道这次访谈不会进行得很顺利。贪食症患者会暴饮暴食然后进行导泻，一般是通过把自己刚刚吃下的东西呕吐出来。这些患者知道别人会反感这些行为，所以会试着将这种像上瘾一样具有强迫性的习惯藏起来。然而，沙恩坦诚得让我惊讶。

当我问沙恩关于她的食欲和体重的问题时，她骄傲地告诉我，她确实像劳雷尔描述的那样"狼吞虎咽"，但她是"处理这些事情"的专家。她说她可以放纵自己"恶心"的食欲，而不用面对任何"后果"。

乔吉和沙恩都不认为自己有问题。在乔吉的观念里，忍受饥饿是一种对自己"强大"的证明。她对我的担忧不屑一顾。"饥饿让我兴奋，让我感觉自己的能量比任何时候都多。就好像我被'接通'了。"我开始思考"接通"是什么意思。她现在看起来就像是由电线构成的，具有狂躁的能量和极致的专注力，而这与"接通"更广的含义相关。

我和乔吉一起坐了一会儿，在她重新说起她所谓的"受控进食"这个话题之前，聊了聊其他不痛不痒的事。乔吉用鞋子在地毯上画着图案,轻声说:"我也喜欢保持现在的身高。我以前跟朋友们差不多高。现在他们的个子长得很快,我还是很矮。"她笑了笑,转过头,身体保持前倾,近距离看着我。我感觉她就要吐露一些内心深处的想法了。我也注视着她,试着让她感到我是中立且感兴趣的。"在人群中,我就像是一名被迫生活在肮脏的真实世界里的精灵,就像《小美人鱼》里的爱丽儿。"停顿了一会儿,她补充道,"而且我还没有来过月经。我没有那么脏乱。我逃脱了这种常规。"

这种"常规"指的是正常的身体发育。乔吉已经明显面临生命危险,但在身材方面,她却比那些担忧他人如何看待自己发育中身体的健康青少年更加自信。尽管身体问题使乔吉的免疫系统衰弱,阻碍了她的发育,并且中止了她正常的月经周期,她还是觉得自己很"强大"。沙恩的障碍使她的新陈代谢失衡、牙齿龋坏、食道受损,但她却自豪地宣称她有着完美的技巧,能在满足自己食欲的同时保持苗条。

家长(尤其是母亲)在看到孩子以这种方式伤害自己时会感到愧疚。在心理学领域,把青少年的进食障碍归咎于母亲的观点由来已久。一些心理学家认为青少年克制食欲和性欲是为了抗拒母亲的控制;还有一些心理学家坚称,进食障碍的产生是因为母亲不能容忍孩子的食欲和性欲。人们曾经认为,患厌食症女孩的母亲不能回应她的需求,因此女孩会因自己的需求感到羞耻,并将其关闭。人们还曾认为,患贪食症的女孩想要反抗母亲对于自己食欲的控制,但随后会清除自己放纵的"证据"。在这些理论的话语体系中,进食障碍要么是青少年对母亲期望的顺从,要么是对它的反抗。

在大多数案例中,将问题归咎于母亲是极其不正确的。家长告诉我,他们因每天都"像走在碎裂的玻璃上一样"而感到"心痛",他们愿意"做任何事"来帮助孩子好起来。他们面临的挑战是,乔吉和沙恩这样的青少年并不想"好起来",对"失去"这些障碍的预期令他们恐惧。沙恩告诉我:"没有比吃完一顿大餐却发现没办法把它排出来更糟糕的事了。就像在正式的晚宴上,或者在一间餐厅里,我却没法起身。那感觉太难受了。"而乔吉说:"有时我头脑里有一种善意、自豪的声音,它告诉我,我很棒。有它的鼓励,即使饿得胃疼我也感受不到。但如果我吃了东西——天啊!那个声音马上就变刻薄了,甚至会变得恶毒。我不想复述它说的话,太难听了。那个声音想把我撕成碎片。所以当我妈妈哄着让我吃东西,或者开始强迫我吃东西时,我就会发疯。"

每一名青少年的进食障碍都是由他的个人需求、渴望、情绪史和基因组合成的独特问题。这种复杂的因果关系既不能用"都是家长不对",也不能用"都怪社会不好"来解释。有时,青少年出现伴随体重快速增长的暴食行为是因为他们希望自己在性方面被排斥或是阻止性接触。在一个悲剧性的案例中,一名受到继兄性虐待的 13 岁女孩表示,她喜欢自己腹部膨胀后皮肤覆盖住性器官的样子。她解释道:"如果我看不到它,它就不是我身上的一部分。"女权主义作家罗克珊·盖伊在回忆录《饥饿》(*Hunger*)中提到过她如何通过变得肥胖来避免成为性侵受害者。在被一些"学校里的朋友"轮奸后,她希望自己变成任何人看到都不会产生性冲动的样子。苏茜·奥巴赫在发现许多病人都会通过变得肥胖来逃避女性性征带来的残酷后果之后表示:"肥胖是一个女权问题。"

尽管家庭关系通常不会导致进食障碍,但它会使问题变得更加复杂。青少年厌恶家长对自己疾病的关注。他们给家长的关心打上"侵犯"和"控制"的标签。家长的焦虑也会加剧青少年的焦虑,从而导致疾病更可能持续下去。正如一名非常有经验的咨询师解释的,在家庭中,"强烈的感受有可能迅速升级,导致纷争。这种事情就像被设定在了日常沟通中,在一个或多个家庭成员之间引发失衡和误解的互动"。

受困于进食障碍的青少年需要来自有技巧的心理健康专业人士的干预。当家长试着"解决"问题时,亲子关系就变得以进食障碍为中心了。乔吉说:"她只会谈论这件事。她就只关心这个。"沙恩反映:"我的父母看到我时就只能看到问题。"

然而,即使在青少年需要专业干预时,他们也仍然需要家长的陪伴、欣赏和好奇。所以,对于家长来说,最好的办法是让孩子与专家合作来处理疾病,而自己则持续参与孩子生活的其他方面。家长仍然可以问诸如"你今天遇到了什么开心的事?""你的朋友们怎么样?""要不要一起给你的窗帘选选颜色?""想不想晚上一起遛狗?"的问题。当家长因孩子讲的笑话大笑、因孩子对电影或话题的观点而欣喜,或是邀请孩子分享日常生活的点滴时,就能提醒亲子双方,进食障碍并不是孩子生活的全部。

## 惊恐发作:陷入旋涡的心与身

青少年会感到担忧。他们担心自己看起来如何,担心朋友是否像昨天一样喜欢自己,担心自己会表现得愚蠢或傲慢,还会担心自己是否做了正确的事情。对许多青少年来说,这些日常的担忧来了又去,不成问题。早上,他们看到镜子里的自己,担忧自己是否太胖或者着装是否得体,但此刻充斥他们血液里的肾上腺素在骑车到达学校后就消耗掉了。他们看到朋友热情地向自己打招呼,耳边"他们不再喜欢你了"的低语也就随之消散。在数学课上,他们突然明白了怎么解一个方程,然后开心起来。走进学校食堂,他们自信地加入朋友,自然地与之交谈。笑声在这个小群体里回荡。早上的那点儿杞人忧天已经被他们抛在脑后了。

但有时青少年在日常生活中的这些常见担忧不会简单地消失。15岁的凯文看着镜子,觉得自己的耳朵突出、胸部凹陷,而且妈妈买的新鞋让他的脚看起来特别大。等到了学校,对于外表的担忧已经占据了他头脑的中心。受到自我怀疑的驱使,他独特的镜中我吸引了他全部的注意力。他走向学校大门,从一群群在进校门前享受最后几分钟悠闲时光的青少年身边走过。他心中坚信，这些人一定在用批判的眼光上下打量自己的外表，就像他自己早上做的那样。当看到朋友笑着向自己打招呼时，凯文心想："她是不是在笑话我？别人是不是在背后说我坏话？"在地理课、化学课或英语课上，他听不懂老师在讲什么。每个词语单拎出来他都明白，但他却不能理解课上的指导、解释或讨论。当同学举手发言时，他想不明白为什么他们能理解老师讲的东西，还能发表意见。"我跟他们太不一样了。"他想，"他们活在无忧无虑的世界里，不需要担心耳朵有没有突出、胸部形状正不正常或脚看起来大不大。他们可以想其他事情。他们聪明，而且对未来充满信心。我是这里唯一一个没有全科拿 A 的人。"

凯文断定："我不对劲，我要失败了。我的家长肯定会伤心欲绝。他们会让我的人生更悲惨。我肯定考不上大学，找不到工作。我会一辈子蹲在家里。我度过的每一天都会提醒我，我有多么失败。"

当他走进学校食堂端起餐盘时，他僵住了。他觉得坐到哪张桌子旁都不安全。他知道自己看起来很滑稽。他端着餐盘傻站在原地，而其他孩子已经吃完饭把盘子叠放在一起了。不过，他本来也吃不下去。他的胃里翻江倒海。他汗如雨下，心跳加速。他知道自己的脸肯定红了，还喘不上气。他听到笑声在食堂四处响起，他坚信这些嘲笑都是针对自己的。他大哭起来，蹲在地板上。

## 第九章 青春期心身矛盾：读懂孩子的症状

青少年的心智化能力，也就是探索他们自己和他人心理世界的能力，通常会使他们能够更好地进行沟通和保持联结。但当青少年超心智化，也就是对他人的所有面部表情或评价进行过度分析时，他们会感觉自己被孤立，身边充满敌意。凯文对于他人的想法做出了一系列猜测，并相信所有人都对他抱有消极的嘲弄的想法。他感觉他人的所有话语和眼神背后都藏着威胁。他的身体像面临真正的威胁一样做出反应，他的肌肉被激活，准备战斗或逃跑。

但凯文察觉到的危险并不是真实存在的，因而无法被解决。在面临真实危险时，通过战斗或逃跑的反应，神经系统释放的肾上腺素会被消耗殆尽。但此刻，凯文的肾上腺素却并未被消耗，而是留存在他的神经系统里，发出威胁存在的信号。但凯文无法认识这种威胁，也无法逃跑，因此惊恐发作。

惊恐是人体对大脑感知到的危险做出的一种生理反应。颤抖、流汗、胃部紧缩以及无法正常呼吸的生理反应都对大脑发出了"你面临威胁，你无法掌控局面，坏事即将发生"的信号。

焦虑等与惊恐相关的感受是常见的，但我们通常能学会平息身体的痛苦信号，直到我们的心智能够重新评估情况。当我们意识到"看着我的那个人不会杀掉我"或"一次考试挂科不代表世界末日来临"时，我们的心率就会减慢，呼吸会变得平稳，流汗也会停止。生理节奏的减缓证实了大脑的评估，即我们并未面对迫在眉睫的危险。

但就像凯文一样，有时青少年的身体和心智会陷入负面的旋涡。当发生了某些不对劲的事情，如有人斥责自己，或自己在做阅读理解时感到抓耳挠腮时，凯文就会将情况"灾难化"。这意味着，凯文会想象最糟糕的后果。他相信一个不友好的眼神就意味着那个人不喜欢自己；他相信自己在解答一些问题时遇到困难不仅意味着他会挂掉这门课，还意味着他会一辈子一事无成。在他走进食堂并思考要坐到哪里时，这个微不足道的决定对他来说也事关生死。不论客观上他身处的环境有多么安全，他也感觉到处都很危险。当他无法减轻焦虑的生理反应时，他的心智就会保持高度警觉，并"推断"出："我的身体这么害怕，那我肯定面临着真正的危险。"

学校的护士帮凯文将呼吸平缓下来，他的惊恐发作也缓解了。但当天晚上，他口干舌燥、反胃恶心、呼吸短促，感到恐慌。他将这些当作生命威胁。他大声喊叫，让家长帮忙。"我的身体有问题！"他坚称，"我得去医院！"

"不，"他的母亲罗莎说，"你没事。试着冷静一下。深呼吸，就像护士今天教你的那样。"

"你没听懂我说什么！"凯文坚持道，"你不关心我。我觉得自己要死了，你都不在乎！"

于是，心身之谜造成了亲子关系破裂，而这只能通过倾听身体的话语来治愈（如本章最后一节所示）。

第九章　青春期心身矛盾：读懂孩子的症状

# 医学无法解释的症状：
# 当"没什么问题"也令人恐慌

16岁的桑迪是个非常投入的"小数学家"。在走过学校的走廊时，她的注意力还停留在刚才的微积分课上，她刚刚在那堂课上学会了建立导函数。她将数字和图表都想象成彩色的，"就像纤细的蝴蝶一样"。这些想象中的画面让她免受社交挑战的影响，如从那些笑声爽朗或态度轻浮的人身边走过。有时她会思考主动发起对话是怎样的感受，认为自信的人才能遵守谈话中的那些奇怪规则。她还因"不知道他们这是哪国的打扮"而困惑。她不清楚其他女孩是怎么选衣服、怎么知道要去哪间店买衣服的，也不清楚要上什么网站才能找到关于其他女孩穿的时髦上衣或裙子的信息。

然而桑迪明显很招人喜欢。其他女孩会跟她打招呼，而且好像并不在意桑迪会不好意思说话似的羞怯地躲开她们。许多男孩从桑迪身边路过时会随意地向她打个招呼表示友善。男孩们会招招手或点下头，而桑迪只需要稍微应付一下，不用大费周章地回应。当她接近走廊里厚重的消防安全门时，总有人会赶在她前边，帮她把门打开。

桑迪的左手臂长期疼痛且无力。她以前会弹钢琴，而且我听说她很有天分，因此她的家长和老师都建议她往专业方向发展。桑迪的手臂开始疼痛时，她的父亲曼纽尔带她去了急诊室，但很快就被要求出院了。医生告诉这对父女,桑迪"没有受伤,连拉伤都没有"。曼纽尔追问道:"那她是怎么了?"医生耸耸肩,说:"疲劳,或者神经被压迫了。她的问题应该能自己缓解。如果没有好转,那就带她去看家庭医生。"

曼纽尔带桑迪去看了从她很小的时候就为她治病的儿科医生。这位医生提供了指导,给了这家人一份孤独症(自闭症)谱系障碍(autism spectrum disorder,ASD;后面简称孤独症)的诊断。"我说不清得到诊断结果的时候,我们感到多么解脱。"曼纽尔告诉我,"这个结果让很多事情都有了解释,也让情况变得简单多了。桑迪有时候会特别固执,她还会对过于吵闹的声音和突发的改变特别小题大做。我以前会因此非常生气。不只是我,老师、邻居、我们的所有朋友和亲戚都是这样。他们觉得桑迪太难以相处了。他们责怪我们,好像是我们纵容桑迪这样任性。所以,知道了她的问题到底是什么,以及这种障碍的名字和对它的解释,真的对我很有帮助。"

然而,对桑迪手臂的疼痛和无力做出有帮助的诊断却并不容易。那位儿科医生当时没找到任何问题,并且认为虽然桑迪的神经反射"没问题",但她手臂上可能有些需要"慢慢康复"的受损神经,因此她建议桑迪服用安全剂量的非处方止痛药。当桑迪一个月后哭着再次找到这位医生,反映"那些药对疼痛一点儿用都没有"时,这位医生为她开了阿片类止痛药,"但只有五天的量"。由于这也没有缓解疼痛,而且医生也没有再开止痛药处方,

## 第九章 青春期心身矛盾：读懂孩子的症状

所以曼纽尔带桑迪去看了各种专科医生——风湿病科、骨科、内科，看了个遍。桑迪的关节和骨头经检查被证明毫无问题，然后是肌肉，最后是手臂和大脑中的神经。桑迪随后又尝试了物理疗法，发现无效后，她又尝试了针灸。她的疼痛有时强有时弱，但在18个月的治疗后，总体上还是没有改善。

曼纽尔随后又带桑迪去看她的儿科医生。"我说得很直接。我说：'她肯定有什么地方有问题。如果你不能找出问题所在，那就给我们找一个能发现问题的人！我们浪费了这么多时间，但一直原地打转。你到底在不在意？'"

这位儿科医生回答道："神经学家（研究神经损伤或神经系统疾病的专家）建议将你们转介到精神科。我很乐意把你们转过去。我们找不出任何生理上的问题。"

"我当时想，'就这样吧，我们再也不找她看病了'。"曼纽尔停顿了一下，他的呼吸沉重起来，眼里充满了泪水，"我们在她那里看了十年病，可她就这样对待我们。没用！"

在大多数案例中，"没有任何生理上的问题"这一消息是令人安心的。家长在听到医生说孩子生理上没有问题时难道不会松一口气吗？但像曼纽尔这样的暴怒也很常见，而且鉴于大多数人认为疼痛是生理问题的信号，他们的怒火也可以理解。曼纽尔和桑迪感觉受到了这位儿科医生的侮辱、伤害和抛弃。在他们听来，她的意思是："桑迪的疼痛不是真实的。她要么是在臆想，要么是在装相。"但是，疼痛比大多数人以为的更加复杂。

所谓的"医学无法解释的症状"或躯体症状障碍（somatic symptom disorder）非常常见，却不幸地没有得到足够的研究。世界卫生组织最近的报告显示，20%的人一生中至少会经历六种医学无法解释的症状。青少年还不能熟练地理解内感受信号（我们经常将其解释为积极或消极的内在感受），而且很难理解和驯服自己的情绪，对医学无法解释的疼痛、运动受限、恶心或疲劳特别敏感。

有时"医学无法解释"会被解读为"这都是你脑子里的问题"。但这又意味着什么呢？意味着所有疼痛感都是在大脑中产生的。神经细胞向大脑发出信息，指示问题所在——你的皮肤离火源太近了，很危险；你的脚被绊住了；你的骨头断了；你的胃消化不了刚吃的东西。不论受伤的是哪里，如果没有大脑的参与，我们都无法感受到疼痛。所以，在某种意义上，疼痛就是"脑子里的东西"。但桑迪这个案例的不同之处在于，她似乎没有受伤、没有组织或骨骼受损，也没有生理上的功能失调。什么都无法解释她手臂的无力和疼痛。但是，大脑其实会通过很多不同的途径感受疼痛。

让我们想一想，压力、苦难或孤独有时会造成与骨折同样真实的疼痛感。我们在第三章中看到过，情绪会影响身体功能，而身体感觉也会影响情绪。当我们感到有压力或苦恼时，我们会分泌一种叫作皮质醇（又名氢化可的松）的激素。这种激素通常会减轻炎症，也就是身体对伤痛或疾病的反应（这就是要给关节肿

## 第九章 青春期心身矛盾：读懂孩子的症状

胀的人注射可的松，以及氢化可的松乳膏可以减轻皮肤瘙痒和红肿的原因）。但当我们持续经受压力，或者持续感到苦恼或惊骇时，我们的身体会保持警觉，体内的皮质醇保持高水平。经过一段时间后，高水平的皮质醇就会导致更多的炎症（这就是氢化可的松使用受限的原因）。持续不退的炎症会让我们感到疲惫，更难保持专注，记忆力也会变差。我们更可能会生病，因为长期持续的炎症会降低免疫系统的有效性。

科学家们现在明白了炎症的问题不止这些。在大约十年前，人们惊讶地发现，在压力下释放的促炎性细胞因子（proinflammatory cytokine）可以穿过身体影响大脑。这些微小的蛋白质会影响与青少年大脑重塑相关的所有神经连接。它们会引发疲劳和痛苦感，进而给大脑传递"出问题了"的信息。身体的警报系统持续保持开启状态，并使得皮质醇和细胞因子充满整个系统，就像身体真正生病或受伤时一样。大脑因此会以身体已经受到损害的方式行事，而负责传输信息的神经会产生疼痛感。这种疼痛与假装生病或假装感到疼痛大不相同。当然，这种疼痛也不是想象出来的，它是真实的。

和许多青少年一样，桑迪身处的日常环境也充斥着压力，因而会触发皮质醇分泌的事物也有很多。这些来自社会接触、自我怀疑、学校作业的压力对任何一名青少年来说都可能很棘手，但孤独症会加剧青少年这些稀松平常的焦虑。所有社会接触都充斥着不确定性。虽然许多青少年都关心他人对自己的看法，进而为此感到焦虑，但桑迪感觉自己在理解社交线索方面具有特别的劣势。"为什么那个女孩的表情突然变了？""那个声音（别人可能一听到就会认为是笑声）代表着愤怒还是嘲笑？"这些问题都让桑迪困惑。

另外，桑迪的外感受，即对声音、运动和触觉等外在刺激的感受增强了。门被撞上时发出的声响、咳嗽或突然的闪光都会使她失去方向感。曼纽尔告诉我："就好像她的世界整个颠倒了，她从一个熟悉的地方转移到了一个陌生的地方。"

桑迪向我解释，现实生活中的互动发生得"太快了"。其他人能够理解生活的节奏和流动，但在桑迪的感知中，生活是一系列并不相连的图像，在她对其进行处理之前就飞驰而过。她不知道如何向别人打招呼或加入一个团体。也许别人的一个友善的微笑会让她觉得对方是想从自己这里获得什么，而且她也不知道对方想获得什么，这就会使她警觉起来。然而，像大多数青少年一样，桑迪也希望他人喜欢自己。

学校很好地向桑迪的同学解释了孤独症。这些孩子很乐意告诉我桑迪的社交生活是怎样的。"不能对她开玩笑。"16岁的利拉解释道，"她只能理解字面意思，所以必须把你心里想的直接说出来。必须留意话里的讽刺，因为她不会理解。"桑迪的日常生活依赖她亲近的朋友的指导。桑迪告诉我，她的朋友们会"检视走在她面前的人，并给她指路"。如果没有人持续为她指路并让她安心，桑迪就会感到迷失，并且感到有压力和警觉。

## 第九章 青春期心身矛盾：读懂孩子的症状

　　这些是许多患有孤独症的青少年都会遇到的问题，但他们中的大多数人并不会发展出医学无法解释的疼痛感或麻痹症状。就像任一青少年身上的任何心与身的谜团一样，答案在于每一名青少年个体的需求、恐惧和期望。桑迪身上谜团的出现也许是因为旧伤导致她的手臂上建立了一个疼痛的神经回路。桑迪在抬手开门之前会感到疼痛，然后她一看到面前的门就缩手屈臂，好像手臂真的断了一样。当他人把桑迪当作一个感到疼痛的人来照顾时，这种疼痛以及这条无力的手臂就成为桑迪"自我图式"的一部分，换句话说，成为她从社会层面和生理层面看待自己的方式的一部分。

　　大脑是很有预测能力的器官。我们所做的每一件事，从早上醒来、脚踩到地面，到晚上上床睡觉——不论我们的行动多么简单，每个行动都涉及对包括自己身体在内的物理对象的预测。当我们脚踩地面，地板会提供坚实的基础支撑我们站立；当我们开始进食，勺子会帮我们舀起麦片或搅拌饮料；当我们躺在床上休息，床会给我们提供特定的舒适感。基于对外部世界的事物和身体内部的情况的预测，大脑进行快速的计算，而身体感觉同样由此而来。这就是数以百万计的神经元在彼此"交谈"时计算出来的微观预测。莉莎·费德曼·巴瑞特在《情绪》（*How Emotions Are Made*）一书中曾解释道："这些神经的交谈在试着预测你将会体验的所有视觉、听觉、嗅觉、味觉和触觉，以及你将采取的每一个行动。它们是你的大脑对你身边正在发生什么事，以及怎么应对才能让你保持存活的最佳猜测。"

我们会在针头扎进皮肤之前就感到不舒服。如果我们患上了偏头痛，那么即使起初的疼痛感很轻，我们的头部也会开始有搏动跳跃的感觉。如果我们感受到的压力与恶心感产生了联系，那么其中一种感觉的出现就能用来预测另一种感觉的到来。我们有时会为与情绪相关的感觉赋予意义，比如痛苦或疲劳的感觉，有时还会是麻痹或失明。心理学教授塔马·平卡斯认为："一段时间后，你就会看到被痛苦笼罩着的事物……可能你会感到更强烈的疼痛，就是因为你在预期它的出现。"

感到沮丧也会增强疼痛。当我们情绪低落时，我们的大脑中与疼痛相关的区域就更加活跃，因而疼痛感似乎更加强烈。比起儿童或成人，青少年感受到的社会压力更多，更可能出现情绪波动，他们的生物钟也让他们尤其容易感到疲劳。因此，青少年身上更可能出现似乎找不到生理原因的疼痛和疲惫。

关于疼痛的另一个谜团是，有时这种疼痛服务于某种特殊目的。也许疼痛、麻痹或疾病会为我们提供所需的帮助，也许疼痛会让我们得到休息的机会，也许疼痛会提醒我们不要对自己过于严苛。如果像桑迪这样的青少年每天都承受着社会压力的折磨，而她却发现感觉疼痛或身体虚弱这件事引发的反应能够帮助她应对难以处理的情绪，那么，她的疼痛就是真实的，但并非源于受伤。这种无意识的策略有时被称为功能性神经障碍（functional neurological disorder），它表明神经系统没有正常运作。在此情况

## 第九章　青春期心身矛盾：读懂孩子的症状

下，大脑会将情绪问题转化为疼痛、麻痹或疲劳感。尽管通过减轻他人期待带来的压力或吸引他人关注等方式，生理症状可能会发挥某种作用，但它们也会因限制个体的活动和机会而带来问题。另外，生理的疼痛还会掩盖潜藏的心理问题，并使其得不到解决。

当一名想要治疗疼痛、麻痹或慢性疲劳的青少年被转介到精神科医生，而不是风湿科、内科或神经科医生那里时，这并不意味着这名青少年是"疑病症者"或"诈病者"。这种情况意味着，青少年的情绪、感觉和身体错综复杂地联结着，而且有时这种联结会纠缠不清。在梳理这些联结的时候，青少年需要专业人士的支持。

"都是脑子里的问题"通常被用来打消患者的疼痛感。这种说法很奇怪，因为有很多问题确实是发生在脑子里的，但它们与那些被贴上"只存在于头脑中"或"心身疾病"的污名化标签的问题大不相同。举个例子，抑郁症是"脑子里的问题"，却不是心身疾病。它是真正的疾病，有着行之有效的治疗方法。如果不加治疗，这种头脑里的疾病加上压力和焦虑就会导致持续的炎症，让负面感受转变为生理疾病。精神分裂症也是"脑子里的问题"，而且虽然研究者尚未确定任何造成这种疾病的生理因素，却没人认为它是一种心身疾病。医学无法解释的和可以解释的疾病之间的鸿沟并不像看起来那么不可弥合。

康复的漫长过程包括情绪粒度和解决问题的新技巧等方面的特别教育，通常在专业人士的参与下进行。这一过程遵循我们在前面看到过的练习方式，并考虑到了用情绪粒度和分辨情绪来激活前额皮质（它随后进行现实检验并使身体冷静下来）的重要性。当身体的警报系统关闭后，潜在的问题就可以被解决，而心身之谜也随之破解。

## 总结与练习

心身之谜涵盖了青少年身上常见的众多问题，包括进食障碍、惊恐发作和医学无法解释的症状。

在 13 岁的女孩中，有 53% 的人对自己的身体不满意，而在 17 岁的女孩中，这一比例提升至 78%。虽然在男孩中对自己身体不满意的情况没有这么普遍，但仍有 30% 的青春期男孩表示希望改变自己的体型。一些青少年感觉自己的生理性别与自己的真实自我不符，并且想要消除或改变自己的性征——他们所占的比例不高（约有 0.6% 的女孩和 0.2% 的男孩），但这一数字在缓慢上升。

不论是男孩还是女孩，在 13～18 岁的所有青少年中，有三分之一的人经历过急性焦虑，包括惊恐发作。

医学无法解释的症状的发生率难以测算，但据精神医学专家估计，看过初级保健医生的人中，有四分之一的人至少有一种这类症状。

解决这些问题通常需要专业人士的支持，但康复所需的辛苦

## 第九章 青春期心身矛盾：读懂孩子的症状

工作也需要青少年亲历亲为。家长的支持永远是无价的，而且如果家长能懂得一些应对心身问题（尤其是急性焦虑和惊恐发作）的技巧，那么他们的支持也会更有效果。

正如我们已经看到的，管理负面情绪（包括焦虑）的一个重要部分是认识它们并说出它们是什么。如果情况相反，当青少年对某种情绪感到恐惧并试着躲避它时，他们就会让焦虑在"恐惧-肾上腺素-恐惧"的循环中不断持续下去。恐惧（或者焦虑、悲伤、愤怒、羞耻）会使整个身体内的肾上腺素激增（并且这种激素的释放会伴随着心跳加速、呼吸急促）。青少年如果害怕这一反应，就会出现次级恐惧，也就是对感到恐惧的恐惧。伴随这种次级恐惧一同而来的是它导致的强大生理影响，这也是青少年所害怕的，因此它又会引发另一个恐惧反应。正是这种循环导致了"世界末日"般的惊恐，而对于身处这一循环之中的人来说，它似乎无穷无尽。

受惊恐发作困扰的青少年需要一套自我管理的工具箱。每一次他们平安度过惊恐后，将他们从惊恐带向安全的神经联结都会得到强化。

应对惊恐发作的第一步是平息生理层面的"风暴"（心脏狂跳、呼吸短促以及应激反应）。这些生理表现会使人停止思考，并使血液由大脑转移到因危险而准备战斗或逃跑的肌肉中。使用一些简单的步骤就可以有效地让生理反应平静下来，从而使头脑也变得更加平静。

双臂紧紧交叠于前胸，一手置于跳动的心脏前方——这是一个有用的技巧。奇怪的是，有些人觉得右臂在前更有效，而另一些人觉得左臂在前更有效。我们在采取这种双臂交叠的"防御"姿势的同时，还需要调整呼吸。

我们在感到惊恐时倾向于用嘴进行快而浅的呼吸，但我们实际上需要的是通过鼻子进行深呼吸。当我们进行深呼吸时，氧气的供应恢复正常，指示危险迫在眉睫的神经化学风暴平息下来，青少年也做好了思考的准备。随后，他们就可以开始谈话和解决问题了。

有时，由于家长过于担心孩子的问题，家长的焦虑也会放大孩子的焦虑。对于家长，比起关注"我的孩子怎么了"，问问自己"我如何才能支持、理解孩子，并让他安心"更有用。

这个问题最好的答案就是去问问孩子："我做的哪些事让你感觉不好？"如果孩子说你"做的某些事让他感觉很糟"，你可以建议孩子给这种互动起一个特殊的名字。乔吉向母亲劳雷尔建议，她们关于进食问题的冲突可以被叫作"'做那个'的场景"。桑迪在看到父亲因医学诊断而发泄怒火时吓得畏缩，她将这件事叫作"爸爸吼医生的时候"。凯文说，当他经历惊恐发作时，母亲罗莎会展现出一种例行公事般"他又来了"的表情。

当这种情境有了名字，而且亲子双方都能将其辨别出来时，家长就可以对孩子说："你能帮帮我吗？当我让你去吃东西/抱怨医生的行为/告诉你问题都出在你脑子里时，我其实是在试着帮

## 第九章 青春期心身矛盾：读懂孩子的症状

你。你感觉怎么样？你对此怎么看？你有什么感受？"

凯文可能会说，"我感觉所有人都对我失望""我感觉我让别人无聊了""我感觉自己要被淹没了，而你并没有注意到"。

家长可以用停顿和反思的方式做出回应。"我担心你，而且能理解你的感受。但别人让我不要带你去医院，因为这种惊恐发作并不危险。我知道你感觉很糟糕，但你能挺过去的。"在这样解释之后，家长需要重新将注意力转移到孩子身上。问他们："这些话让你有什么感受？"

凯文可能会说："我感觉自己要死了。而且你不在乎。"

凯文的母亲要关注孩子怎样描述自己的感受，而不是他话中的指责之意（"你不在乎"）。她可以这样回答："你肯定感觉很糟糕。我想要帮助你。你能想想我可以怎么帮助你吗？——除了带你去医院。"

"你能陪我坐一会儿吗？可以陪我一起呼吸吗？直到我的惊恐发作结束。"

"当然可以。这能让我感觉与你亲近。"

罗莎随后可以向凯文表示感激，感谢他能解释自己的感受并给母亲提供帮他的机会。这也让罗莎有机会指导凯文尝试双臂交叠于胸前的简单技巧，并让他调整呼吸。她可以陪着儿子一起呼吸，并提议使用"478 呼吸法"——首先用嘴充分呼出空气；然后通过鼻子吸入空气，数到 4；接着屏住呼吸，数到 7；接着缓慢呼出空气，数到 8。仅这样呼吸五个周期，就足以使身体恢复至"休息和消化"的状态,让身体可以正常运作,肚子里不再"翻江倒海"或"七上八下"。家长可以帮助孩子在冷静时练习这一技巧,让孩子在需要用到它时能熟练地进行这套流程。在被惊恐发作困扰时学习新东西是非常困难的。

在凯文明白了罗莎希望他能教她如何提供帮助之后,他就更可能愿意进行更深入的沟通。罗莎可以问"我还曾在别的时候没听你说话吗?"或者"我还错过了什么吗?"

凯文接下来可能会说:"我不觉得你能理解我在学校里有多么煎熬。我肯定让你特别失望。"

不要回答"这太荒谬了",这可能会向凯文传递出"你的感受/想法/恐惧很荒谬"的信息。相反,罗莎可以说:"我不懂。你因学校作业而煎熬为什么会让我失望呢?"

这就让凯文有机会说出:"我会挂掉这门课。我可能毕不了业。我永远找不到工作,永远一事无成。"

当凯文描述出这种灾难性的图景时,其中的不合理性就可以通过"去灾难化"的过程得到处理。罗莎可以说:"好吧,也许你这次考试通不过,也许你会挂科。这对你来说当然是一次挫折。我们都会为此沮丧。但我们能挺过去的。记住,所有人都会遇到挫折。你的生活不会因一次失望就结束。我们不能期望所有事都一帆风顺。"

下一步是解决问题。"我们可以做些什么来帮你应付学业?我相信你的作业很难。你知道吗?我以前也觉得煎熬。我们可以

## 第九章 青春期心身矛盾：读懂孩子的症状

跟学校里的什么人说说吗？我们在某些事情上需要额外的帮助。"

当然，安慰和赞赏总是有用的："你在课业上遇到困难，我很难过。但我们会一直陪在你身边。看到你能想清楚，我真为你自豪。"

我并没有幻想这种沟通是轻而易举的。在这个过程中，家长不得不卸下自己的防御，并会因孩子"我感觉自己要死了，而且你忽视我"的误解感到受伤。家长被要求要谦逊并且有耐心，但为了理解孩子的需要，这也正是家长需要做到的。

患孤独症的青少年的家长会面对更大的挑战，但并非与此完全不同。在这种情况下，孩子的家长应已经与专业人士和提供指导的支持团体取得了联系。在这里，我只想补充一点。对孤独症患者来说，他们需要有特殊的毅力才能度过青春期。每一名青少年都会需要朋友、渴望被接受以及对理解他人情绪感到有压力，但这些对于患孤独症的青少年来说可能尤为困难。除了从专家那里得到的建议，我还要提醒你，患孤独症的孩子也能从使其他孩子受益的交流中受益。

患孤独症的孩子更容易感到焦虑，一部分原因是人际交往对他们来说总是一个谜团。患孤独症的青少年对声音、气味、动作、光和触碰等外部刺激高度敏感，但可能在理解焦虑的内在生理线索方面有些迟钝，直到被压垮才能感受到。通常用于缓解惊恐发作的呼吸和身体动作也可以用于帮助无法承受背景噪声和突发变化的青少年，但家长需要付出更多的努力来帮助孩子减轻焦虑，从而使其可以采用常规的放松技巧。

说出情绪是什么的练习帮助了大量青少年，而且对患孤独症的青少年也尤其重要。青少年读的书、看的节目以及和你一起看的照片，都能为他们提供一起反思他们自己与他人内在世界的机会。人们普遍认为患孤独症的青少年对他人的想法不感兴趣，但这个观点大错特错。他们其实会关心他人的想法，但不具备大多数人拥有的直觉，所以他们在理解他人时需要提示、线索和指引。这不仅适用于消极感受。强调与幸福、兴奋和爱等积极感受相关的感觉和背景也很有帮助。通过这种方式，你可以帮孩子将强烈的感受正常化，并让孩子确信，强烈的感受不一定是消极的。

我在其他地方说过，强制性惩罚会在青少年身上收到反效果，这对患孤独症的青少年来说尤其重要。大多数青少年会关注环境中的情感因素，如果开始大喊大叫，他们就无法进行任何理性的讨论。患孤独症的青少年很快就会体验到超负荷的感觉，因而尤其难以在这种情况下进行理性讨论。

无论青少年是否患有孤独症，他们都不会像小时候那么顺从，而且可能会固执得令人恼火。这时让家长放弃愤怒和喊叫会很难实现。家长有时会发脾气，还可能表现出在青少年身上更为典型的情绪控制问题。不过，虽然青少年并不需要完美的家长（我们将在下一章进一步探讨这一点），但他们确实需要能在大多数时候愿意陪他们应对在发展过程中面临的挑战的家长。

第十章

# 家长的消极影响：无意中的伤害

"你也不是完美无缺的。"

当家长看向自己新生孩子的双眼时，他们心中会产生某种虔诚的祈祷和承诺："我会照顾你。我会做任何事来满足你的需要。在我心中你永远排在所有事情之前，包括我和我自己的需求。"

但人生不会按部就班。人的一生中总有起伏，社交、经济、个人方面都可能出现无法控制的变动，为我们的整个家庭带来不受欢迎的影响。我们可能会失去工作、失去存款、失去房产，以及失去那些我们想给予孩子的东西。有时我们会做出一些决定，而孩子却认为这"扰乱"了他们的人生：我们应聘了其他城市的工作，而孩子却认为被迫离开熟悉的学校和朋友是残忍地让他们流离失所；我们意识到受孩子爱戴的那个好家长不再是适合共同生活的好伴侣，而孩子却认为理所当然该团聚在一起的家破裂了。我们还可能犯下自己没有意识到的错误：也许我们无意间因为自己的歧视限制了孩子的视野；也许我们试着让孩子自信起来，却发现实际上种下了自我怀疑的种子；也许我们为孩子的人

第十章　家长的消极影响：无意中的伤害

格而欣喜，却发现他们自己对此十分抗拒。

在本章中，我将介绍家长在不知不觉间给孩子带来的常见挑战。不可避免的坏事造成的后果可能发生在任何人身上，而关于青少年需求的普遍误解也会带来其他问题。本章将解释我们可以怎样管理前者以及修正后者。

# 离　婚

在考虑离婚时，家长想到的一个首要问题是："这会给孩子带来什么影响？"然而，青少年似乎全神贯注于自己和朋友，因此可能使家长认为离婚对孩子来说不算什么。"反正蒂姆完全不跟我们说话。他似乎根本不关注他爸爸在不在家。他对和我们一起做的事不感兴趣。他好像觉得坐下来和我们一起吃顿饭都算苦差事。可能在十年前，他会难以接受我们分开。我觉得差不多就是在十年前，我开始在某种程度上想要结束这段婚姻，只是没有定下时间。但我怎么向一个 6 岁的孩子解释这些想法呢？而我现在可以向儿子解释了，只要他愿意听。我猜他只会耸耸肩，毫不在意。我的幸福也很重要。"

贾斯明与许多家长一样，相信儿子或女儿长大后就能够理解父母离婚的意义了，也就不会因此过于痛苦。同样，贾斯明和许多家长也相信，处于青春期的孩子表现出的怒气冲冲或敌意满满的态度意味着他们不太需要家庭的和谐。还有，贾斯明也像许多

· 233 ·

家长一样，相信处于青春期的儿子过度沉浸于自我，因而不会过度关注父母离婚。贾斯明离婚的决定可能从很多角度看是合理的，但这一决定却仍能给她的孩子带来很大影响。

对这一话题进行探讨的目的不是劝任何人不要与不合适的伴侣分手，而是说明父母离婚对于青少年意味着什么。然后家长就可以在离婚的漫长过程中，为孩子提供支持，并与之共情。

青少年常常用易怒和冷漠来掩饰他们的悲伤。尽管青少年表面上不感兴趣，但实际上他们会担心家长并想要提供帮助。而有时候，他们帮助家长的一种方式是试着"不大惊小怪"或"只是顺其自然"。听到父母分居的消息时，16岁的蒂姆表面上表现得若无其事，但内心却藏着深深的失落和困惑："当我听到这个消息时，我想'是的，我就知道会这样'。我觉得我想到的第一个问题是'这对我来说意味着什么'。妈妈说我们还会住在这里，一切都会和以前一样，但这只不过是个卑劣的谎言。确实，我不需要到什么奇怪的地方去。但我必须得花时间去我爸爸那里，还得记好我的东西都在哪儿；而且每次我准备去见朋友或别人时，我还必须得弄清楚我要从哪里出发、之后要回哪里。我妈妈一直问我想不想谈谈，这问题有点儿蠢。她要是那么明智，为什么不能解决她和爸爸的问题？我说我没事，他们怎么样都行。但我只是假装没有受到影响。"

青少年可能会"假装没有受到影响"，这是儿童永远做不到的。儿童相信自己热切的愿望具有改变世界的力量。对于"爸

## 第十章 家长的消极影响：无意中的伤害

爸/妈妈会回来"的希望塑造了儿童的期望——每当脚步声或者敲门声响起时，这种希望就会重新燃起。而当这种希望被证明无法实现时，儿童的希望就会被恼怒替代。儿童表现出"接受"通常只是因持续幻想或愤怒而筋疲力尽。当儿童成长为青少年后，希望和现实之间的界限就会变得更为牢固。青少年会像儿童一样悲伤；但不同于儿童的是，青少年知道他们的痛苦是无济于事的。

"青少年完全沉浸于自我"的说法是无稽之谈，却使许多家长相信他们自己的问题、不幸福和失落感对孩子来说并不重要。即使在青春期后期，青少年可能已经"离家"去上大学、旅行或工作了，他们也仍会因父母（或者继父母）离婚受到深刻的影响。

关于离婚，对家长来说确凿无疑的头号事实是，离婚会深深地影响处于青春期的孩子。有研究表明，青少年因父母离婚而受到身心健康方面的影响比儿童受到的更强。然而，与这一残酷事实相关的仅有的建议是"要留意"和"提供安慰"。

确凿无疑的第二个事实是，青少年对家长的情绪非常敏感。大多数家长试图避免让孩子受到自己痛苦的影响。但由于青少年对于情绪的关注更多，因此他们对于家长的孤独、苦恼、愤怒和痛苦会过于敏感，并且能看穿家长表面的乐观。当家长装出轻松的态度、坚称"一切都好"时，青少年却可能感觉自己被拒之门外，而不是被家长保护。

青少年在人际关系和诚实方面坚持严格的道德规范。在亲密关系中，默不作声和说谎一样意味着欺骗。同其他与青少年接触的研究人员一样，我听到像16岁的曼迪这样的青少年说："我妈妈抱怨我什么都不跟她说，她不知道在我身上发生了什么。但是，既然她说她'还好'，我爸爸也'还好'，那我跟她谈话又有什么意义呢？她装作好像什么都没发生，就像离婚是一件做过后第二天就能忘了的事情。她好像一直在对我说谎。所以我为什么要告诉她我的任何事情呢？她总是笑着说'我当然总是为你敞开大门'，却在我眼前'砰'地把门关上了。所有关于保持诚实和坦率的谈话都是骗局。"

在青少年的"道德词典"中，诚实必须是双向的。如果一个人（不论是家长还是朋友）不能保持坦率的态度，那么在青少年眼里，自己向对方保持坦率就毫无意义。家长如果能够在开诚布公地谈论自己的情况并说明其产生的背景和问题所在，以及让孩子确信自己能够处理痛苦感受之间取得平衡，他们就更能给孩子带来好处。这比起试图通过隐藏真实感受来保护孩子更有效。就像一名17岁的青少年告诉我的："父母离婚很可怕，但这件事的一个好处是，我现在可以与他们进行真正的沟通了。"

关于离婚的第三个事实是，家长人生的这一重要变化很难不使他们对待孩子的方式发生改变。贾斯明试着让蒂姆相信"一切都不会变"，然而，在情绪激动时，她会对蒂姆说"噢，你跟你爸爸越来越像了"。过去这种评价可能是亲切、温暖或幽默的，

## 第十章 家长的消极影响：无意中的伤害

但现在蒂姆相信，从他妈妈的角度，这种评价是带有敌意的。"我知道她对我爸爸很生气。而在她生我的气时，对我爸爸的愤怒就可能溢出来。她这么说的时候，我感觉好像被她打了一拳。也许这很刻薄，但当时我的想法是：'行，我像我爸爸。那又怎么样？是不是因为你不喜欢我爸爸了，而我又像他，所以你也不喜欢我了？'我爸爸也有很多优点，我并不介意我像他。"蒂姆停顿了一下，他沉重的呼吸稍微恢复正常，"这种争论很复杂。这不是朝着对方大喊大叫，它发生得很慢，有思考的时间。我说：'你不能这样说我。我也有权利生气。而且我也有权利仰慕我爸爸。'然后她说：'是吗？'那语气好像是她准备好也开始恨我了。"

大多数家长下定决心要做到公正、讲理，但压力却让他们力不能及。在家长离婚之前、过程中和之后，一些青少年会目睹父母激烈地争吵、愤怒地给对方打电话或发送言语粗俗的短信。青少年连调控自己的情绪都仍然需要家长的帮助，因此看到家长失控对他们来说是很可怕的。"如果我这样做，他们会让我一个月不能出门。"蒂姆说道。

在这本书中，我一直关注青少年有限的自制力。青少年的大脑前额皮质还不像成人那样健壮。青少年的信息、感觉和欲望很容易发生"短路"，使整个处理系统失去控制。但是这种大脑控制中枢的"短路"也会发生在成人的大脑中。家长可能会"失去理智"。在这种状态下，家长优先考虑的不再是"我该怎么讲道

· 237 ·

理"，甚至不是"我该怎样才能避免伤害我爱的人"，而是发泄头脑中的混乱。

如果家长痛斥孩子，因而违反了自己制定的公平规则，他们通常会感到羞愧。羞耻感的一个积极影响是，我们会认识到自己造成的伤害，并尝试弥补；而消极影响是，我们会为自己的行为感到羞愧，并可能因此进行防御。我们会否认自己做错了，或痛斥那些目睹我们失误的人。"你以为你很完美吗？你以为你从来没冲我大吼过吗？你以为只有你可以伤害我，而如果我说了你不喜欢的话就要被你谴责？"有时我们会试图为自己伤害他人的行为进行辩护。"我必须告诉你，你爸爸是什么样的人。"贾斯明对蒂姆说。但20分钟后，她双手抱头对蒂姆说："我真不敢相信我说了那些话。我很抱歉。"

有时，我们能做的最好的事情就是把爆发当作一个机会，让自己说出："我可以做错事。"有时候，承认你不是你想成为的那种家长，就足以让你成为孩子所需要的那种家长了。

## 适得其反的赞美

当我问家长们"要给孩子灌输的最重要的特质是什么"时，我得到的答案通常是"自尊"或"自信"。谈及儿子贾森时，利娅说："我想让他知道他有多棒。我想让他自信，让他觉得自己能做成很多事。"谈及女儿柯丝蒂时，朱迪说："重要的不是她如

## 第十章 家长的消极影响：无意中的伤害

何对待我，而是这种烦躁让她自暴自弃，好像她一无是处。"皮特的女儿卢安曾在密歇根湖边危险的雪堆上行走。皮特说："我希望她珍视自己的生命，看看自己可以变成什么样的人，不要因为心血来潮而失去一切。"但是，对于自己的努力会给孩子带来怎样的影响，家长们的估计通常是错误的。

许多家长都认为，要培养孩子的自信，就要持续稳定地对他们进行表扬。按这种说法，青少年会因此"对自己感觉良好"，因而相信自己会成功，进而真的获得成功。这种方法有三个显著的问题。

第一个问题是，在青少年眼里，家长的表扬可能是老套、陈旧和居高临下的。青少年看重家长的高度评价，但正如我们已经看到的，他们想要改变家长对自己的看法，确保家长的观点符合自己想要建立的形象。青少年通常会拒绝家长的赞美（比如说他们"可爱"或"很棒"），并抱怨这些评价是"无用"或"愚蠢"的。

第二个问题是，持续的赞美会令青少年感到混乱，特别是在赞美没有重点的时候。家长给出"你很棒""你很聪明""你什么都做得到""你很了不起"这种评价的原本用意都是提升青少年的自信，但当青少年习惯了自己做任何事都被评论"很棒"时，他们就不清楚自己到底是为什么得到了表扬。不管做了什么事，他们都一直"很棒"吗？如果发现自己的努力功亏一篑怎么办？之后还可以承认自己没有做好吗？家长不停地说"你很棒"和

"你真聪明",但青少年在处理不可避免的失败时却感觉自己没有得到支持。家长是对失败视而不见吗?失败被忽略是因为它们不重要还是因为家长不想承认?青少年是不是像骗子一样躲躲藏藏?当有人发现他们并不总是聪明、有天赋或出色的,又会发生什么?

第三个问题是,持续进行赞美并不能达到帮助孩子构建自信的目标。新的研究已经推翻了关于什么样的赞美能够提升自信心的旧假设。比起认为自己的智力、天赋和总体能力是可以培养的特质的年轻人,那些将智力和天赋当作自己本就拥有的特质的年轻人更不可能保持自信。当年轻人将智力和天赋当作可以通过努力逐渐培养的特质,而不是要么有要么没有的特质时,他们就会表现出更强的自信,特别是在应对困难的、有挑战性的任务时。如果这些年轻人一开始失败了,他们也不会将问题归结为"我还是不够聪明",而更可能会说"我要更加努力,才能做得更好"。

假设我们让青少年评价自己的数学能力,那些说"我确实很擅长数学"或"我有数学天赋"的青少年在课程内容变难时会感到挫败;而那些说"我必须更加努力才能学会这些东西"的青少年更有可能在面对难题时坚持不懈,直到把问题解决。如果青少年相信自己在艺术、写作、游泳或唱歌方面有天赋,当工作变得更加困难时,他们可能会得出"我错了,看来我终究没那么有才华"的结论。如果青少年相信天赋和能力是可以随着时间推移

## 第十章　家长的消极影响：无意中的伤害

而获得的品质，那么当任务变得更加艰巨时，他们就不会过于沮丧。

假设现在有一群青少年在学校生活中苦苦挣扎，有些孩子可能会得出结论，认为"我很笨"或"我不适合待在学校"。我们应该如何帮助他们增强信心？我们是否应该不断地赞美他们，说他们所做的一切都很棒？我们是否应该限制对他们的要求，从而使他们相信自己是有能力的？

通过仅要求青少年完成非常简单的任务来使他们体验到成功感，这种方法也许起初能够使青少年受到鼓舞，并提升他们的心境。然而，只有在任务保持简单的情况下，这种心境的提升才能持续。当交给这些青少年的任务变难时，他们就会退回毫无斗志的状态，然后得出"我并不擅长做这个"的结论。

然而，如果给挣扎纠结、缺乏斗志的青少年委派越来越困难的任务，并在他们完成任务的过程中提供支持和详细的反馈，他们就能保持动力。这个过程被称为"搭脚手架"——在一段时间内，向青少年展示如何做某事，并解释这个过程中的每一步；然后，当青少年自己完成任务时，给予他们逐步的反馈，直到他们表现出可以独立完成任务；最后，鼓励青少年反思他们的技能是怎样在坚持不懈的过程中得到了提高。这些体验都能使他们保持自信。

在赞美孩子天生具有智慧或天赋时，家长是心怀好意的。但是，赞美很容易适得其反。一方面，经常夸奖孩子"你很聪明"

会传递出"你能毫不费力地做任何事情"的信息。另一方面，坚持努力不可或缺的观点会使孩子感到挑战没那么可怕。这说明，通过努力，孩子可以提高学习数学、语言或踢足球的能力。付出努力和偶尔失败都是漫长学习过程中的一部分。

青少年需要的不是因受到保护而永不遭受失败，而是能在批判性地评估自己的努力，以及制定改进策略方面得到指导。传递给孩子的更好的信息是："每个人都有遇到困难的时候。遇到困难时不要害怕，学会享受挑战。"

包含坚持和"搭脚手架"在内的赞美方式带来的影响远远超过课堂的影响。家长可以利用这种模式培养孩子的其他品质，比如有责任心、有担当和为他人着想。青少年需要的特殊赞美是接受他们将要成为的样子，而不是赞美现在的他们。青少年现在还不具备那些家长期望他们具有的品质，也还不是他们自己有时希望自己已经成为的人。他们需要家长"搭脚手架"，让他们在陷入困境时也能保持镇定并有能力迈出下一步。这种"脚手架"有时以赞美的形式，有时以纠正的形式出现，它会在青少年前进的过程中给予他们反馈。

## 无意识的歧视

孩子出生时，"是个女孩！"或者"是个男孩！"的宣告决定了家长对孩子的期望。在之前的几代人身上，这些期望是明确

## 第十章 家长的消极影响：无意中的伤害

无疑的。人们过去认为，男孩喜欢表现出强硬，不会因"感性"而表现出"软弱"；女孩则顺从、安静、体贴。人们过去觉得，男孩可以被培养得雄心勃勃，而女孩的雄心壮志则要通过她们的兄弟、丈夫或儿子的代理表现出来。人们过去相信，男孩比女孩更聪明（尽管他们的表现并不总是能印证这一点）；女孩更擅长做家务，而不擅长科学、数学、物理、工程学，或者定位方向。人们过去坚持认为，女孩的领域是家庭和家人，而男孩要去探索外面的世界。在过去，许多家长强制孩子扮演自己性别的固定角色，因为他们认为自己的女儿或儿子需要遵守这些角色的要求，才能在成年后过上美好的生活。

现在的大多数家长不再认同这种角色和才能的划分。和男孩一样，女孩的聪明才智会得到赞美，女孩有雄心壮志也会得到鼓励。我听到过很多家长抱怨他们在孩子听的音乐、欣赏的偶像和追求的时尚中看到的性别刻板印象。我还听到过家长对他们十几岁的孩子（无论是男是女）说："你可以达到任何有价值的目标，不管你是男孩还是女孩。"

但歧视却仍然在无形中存在着，暗中影响着我们的话语和期待。尽管在许多文化中，过去那种公然存在的歧视已大大减少，但隐性的歧视却逃过了人们的审视。内隐歧视产生于我们对某一群体（如男性或女性）中的某个人能做什么、能成为什么样的人或能取得什么样的成就的联想，这种联想通常是无意识的。家长会非常真诚地说"我相信我女儿能成功做到任何她想做的事"或者"我绝不会让我十几岁的女儿泄气,她前途无量"。然而,当15岁的蕾切尔听到这些话时,她嘲讽道:"我哥哥考试没有我考得好,但我父母相信他才是真正有天赋的人。"

仔细听听你或者其他父母是如何与儿子或女儿交谈的。你可能会在与儿子的交谈中听到更多"成就词",比如"骄傲""顶尖""王牌""获胜"。如蕾切尔所说,她的父母不需要多少证据就会宣称儿子是"科学高手";然而,这对父母在夸奖女儿的能力之前,却需要看到奖状或奖牌。青少年很快就能发现家长的言行不一,并因这种不公平而怒发冲冠。如果家长幸运,那么他们自信、直言不讳的儿子或女儿会让他们认识到这种错误。但此时的家长却并不会感到幸运,而是感到另一场可怕的战斗正在逼近。

对于孩子的批评,家长最不能接受的一点是,它们通常是正确的。但由于孩子的批评通常言辞激烈又缺乏条理,因此家长会感觉不对劲。蕾切尔的父亲保罗说:"蕾切尔总是趾高气扬,好像我们真的偏心她哥哥一样。"但接下来,我给他展示了我们在过去一周(经保罗允许)进行的语言分析的结果。他在自己与儿女对话的文字记录中看到,他在与儿子的对话中会使用"娴熟""出色""顶尖""胜利""成功""杰作"等"成就词",而赞美女儿时使用的"很好""不错""美妙""好""酷"等词语则没那么有力。保罗因此感到惭愧,但也惊呼道:"天哪,这让我大开眼界了。"

## 第十章 家长的消极影响：无意中的伤害

保罗急切地想要纠正自己的歧视。但有时家长们会坚信，即使具有歧视性，自己的观点也是正确的。柯丝蒂的弟弟在外出方面有更多的自由，因为他"已经 15 岁了"，但柯丝蒂却被警告"外边"非常危险，因此她出门时要遵循更多限制。她在 15 岁时被家长要求至少要跟两个朋友同行才能在晚上出门，而且穿着也受到严格管制。

当柯丝蒂指出这在她看来不公平时，她的妈妈朱迪抗议道："事实就是这样。穿成这样出门不安全。我是在保护你，不是在惩罚你。"

柯丝蒂不认同她妈妈的担忧，因为她自己不想这么害怕。她喜欢作为一名青少年体验到的那种无所畏惧的感觉，并享受自己对危险的漠不关心。朱迪的小心谨慎使她恼怒，并让她想要证明母亲是错的。她想打破朱迪制定的规则并说："看吧，什么都没发生。没有什么灾难。我没遵守你的规则，但我很好！"而朱迪为了重新掌控局面，会把柯丝蒂违抗的行为和可能的后果——对应起来："你穿成那样出去会被强奸的！"

柯丝蒂反驳说母亲是"性别歧视者和伪君子"，她坚持认为弟弟迈克"就没有受到那么多限制，他在外面待到很晚，却没有这种麻烦"。

朱迪只是耸耸肩，说："你得体谅。男孩会受到睾酮之类东西的影响。"

这种关于睾酮的歧视似乎给青春期男孩带来了更多特权，但从长期来看,这实际上却是在贬低他们。没有明确证据能证明睾酮会使青少年变得冲动、爱冒险。所以如果家长相信儿子在青春期天生就会变得好斗、冲动或爱冒险,那就说明家长既表达了他们可以接受那些冲动行为,也放弃了在儿子学习承担责任和善解人意的过程中"搭脚手架"。

如果青少年对自己的性别认同(他们内心对于自己是男性、女性还是二者皆非的感觉)与他人的看法不同,而家长却对他们的这种想法感到不悦,那么这些青少年就会对"恐龙家长"[①]感到不耐烦。当卡罗琳听到15岁的女儿艾丽斯说想要把名字改为中性的"阿里",而且希望别人用无性别色彩的"TA"而不是"她"或"他"来称呼自己时,卡罗琳坚称女儿只是"一时着魔"。"我为什么要顺应这股潮流呢?她这么做只是为了激怒我。"但卡罗琳在说话的同时表现出的是痛苦而不是愤怒。她叹道:"她是我的宝贝女儿。她怎么能把我的女儿从我身边夺走呢?"我们在一起坐了一会儿,没有说话。然后卡罗琳说:"好吧,让我想想。我不希望这成为很大的争论。'TA'——嗯,也许这样叫也不是很糟糕。她是个好孩子。我们会解决的。"

在得知孩子要接受新的性别身份时,家长会感到不舒服,而且感觉自己的身份认同受到了贬低。但即便在此时,家长的接受与否对孩子来说也仍然非常重要。最近一项关于有特殊性别认同

---

① 指过度关注和担忧孩子,对孩子控制欲过强的家长。

## 第十章 家长的消极影响：无意中的伤害

（包括从跨性别到无性别）的年轻人的研究表明，被家长接受或不接受的感觉对于他们的福祉极为重要，即使在他们长到20多岁时也是如此。

认识到自己的性别歧视是一项困难、苛刻而重要的任务。这可能会帮家长们意识到：每个人，包括最具善意的平权促进者，都在与隐性的性别歧视斗争。毫不奇怪，对于家长和孩子来说，这项工作还在进行中。这意味着当孩子指出我们的过失时，我们就不得不听着他们自以为是的怒吼。这也意味着，我们要承认自己被植根于语言和文化中的歧视影响着。

正如我们在前面看到的，有时我们能做的最好的事情就是让孩子相信，我们想学着做得更好。我们可以鼓励孩子，当他们认为我们无意中流露出歧视时，让他们说出自己面临的挑战。我们可以提醒孩子，每个人都会不时表现出自己受到这些歧视的影响。我们可以请孩子进行思考，歧视是否出现在学校、电视节目以及他们与朋友的对话中。当看到父亲谦虚地回应"这让我大开眼界"时，蕾切尔对父亲的坦诚表示感激："看着他承认自己并不完全懂，而且愿意去学习，我感觉……那种难受的感觉消失了，我想抱抱他。"

青少年向我们展示了失误可以成为家长重新参与的机会，而这对青少年和家长都有好处。

## 自我服务偏见[①]

家长的爱有时被描述为"无私"的。家长常说"我可以为了孩子做任何事",这也是他们经常会产生的一种感情。但同时,像所有人一样,家长也是普通人,在受到批评时也会进行防御。我在第七章中解释过,青少年的批评通常是一种为纠正家长的视角、重新吸引家长注意力而做出的努力。但有时青少年的批评就只是批评而已,它指明了家长的缺陷和不足。当我们受到批评时,我们的默认反应是去维护自己。我们会坚称"不,我没有",并全心全意地坚信他人的指控是错误的。我们还可能会用"你才不负责任/不尊重人/不可理喻"之类的话反击对方。即使批评来自我们"无私"地爱着的人,这种默认反应也会被触发。

聪明的青少年善于揪住我们的这种默认反应,并以此对付我们。"'把手机放下。吃饭呢,别看手机。现在就放下!'"15岁的特蕾西模仿着母亲的口吻,"她让我别看手机,可她自己也一直看!真正让我生气的是,她假装在听我说话,但实际上是在看短信或查东西。"她又模仿起她母亲:"'嗯……什么,什么?'很明显她的心思完全不在这里。她不如举个牌子,写上'我的手机比你重要得多'。"

---

[①] 又称自利性偏差,指人们常常从好的方面来看待自己。当取得成功时,人们常常容易将其归因于自己,而做了错事时却将其归因于外在因素。即把功劳归于自己,把错误推给别人。

## 第十章 家长的消极影响：无意中的伤害

家长抱怨孩子"她不听我的话""她活在自己的世界里"；而孩子抱怨家长"她不关心我的事""他从不听我说话""他们总是在看手机"。我可以把双方的这些抱怨配成对。

青少年的许多抱怨都是针对当下的，是属于青春期的烦恼，是因他们对家长的依恋关系改变而导致的烦恼的一部分。但有时青少年需要家长能看到他们自己的不足，而不是用类似"我也是普通人，你还想怎么样"或"那就这样吧"来敷衍，也不是用"你有什么资格说我"的方式来反击。有时青少年需要家长能承认他们自己也会粗心或考虑不周。我们可以通过让孩子洞悉养育青少年的不易，来使我们从自己的不完美之处寻得善果。

做一名好家长最为重要的原则之一是唐纳德·温尼科特提出的概念——做"足够好"的家长。这通常是指家长不需要把每件事都做对，而只需要经常把事情做对（做对事情的频率足够高）。这意味着每三次互动中有一次是对的即可。

但温尼科特的"足够好"原则不仅表示家长可以放宽心，相信自己不需要做到完美，它还表达了"完美的家长不一定是好家长"的观点。如果家长是完美的——总是通情达理、沉着冷静、坚韧不拔、举止得当，并且做事百无一失——那么他们的孩子会错过重要的经历，包括人际关系的破裂和修复，即因一时冲动而与他人决裂后再不留伤痕地修复这段关系。不匹配的感觉、需求和反应会促使亲子双方更新对彼此的看法，而"完美"会剥夺亲子双方学习这些重要经验的机会。

青少年需要知道，人以及人与人的关系都是不完美的。青少年在发现家长的缺点时总是很兴奋，但只是他们自己发现了还不够，他们还需要家长证实他们看到的东西。不管青少年在指出家长的缺点时有多么自信，但除非家长也看到自己的缺点，否则青少年就不会感觉到这种自信。因此，面对家长的否认，青少年的抱怨会加剧。"我从来没有那样做过"或"你在胡说八道"的嘴硬在当时可能会保护家长的自尊，但最终会加剧青少年的不满，让他们抱怨"你不听我说话"或"你不尊重我的观点或感受"。与之相对，当家长转变回应孩子观点的方式，认可他们合理的抱怨时，孩子的怨恨就会消失。家长永远不应该低估他们对孩子的理解和分享孩子观点的意愿具有的安慰力量。

## 总结与练习

青少年不需要完美的家长。事实上，他们需要家长向他们展示，做一个会犯错的人、一个偶尔会产生误解的人，以及有时会误判自己行为影响的人意味着什么。家长犯错使孩子有机会看到自己未来的人生需要韧性——让他们在摔倒后爬起来、修复破裂的人际关系，以及修正错误观点的能力。

青少年因家长离婚遭受的痛苦应该得到关注。同时，家长应该给孩子留出表达感受的空间。一种方法是对孩子说："我知道这对你来说很难接受，但我不知道你有什么感受。让我知道你最

## 第十章　家长的消极影响：无意中的伤害

难接受的是什么。也许我们可以集思广益，找出让你舒服些的方法。"

有些青少年会因对离婚的父母双方都保持忠诚感到焦虑。他们可能会坚持与父母双方相处同样长的时间，并且较真到精确至每一个小时。有些青少年觉得从一个家搬到另一个家非常麻烦，觉得记录他们的东西和日程安排是一种负担（为了解决这个问题，有些家长会更换自己的居住地，而让孩子始终住在同一个家中）。

家长说前任的坏话对孩子来说是非常难以接受的。大多数家长试着对前任保持礼貌，或者至少不会粗鲁地对待前任，但他们并不总是能成功地保持体面。当你意识到你一直在批评孩子的另一名家长时，请承认这一点，并向孩子解释，你的批评源自你的感觉。对孩子说："我有时会生气，会感觉伤心。所以有时我说话不客观。你很爱并且尊重你的爸爸/妈妈，我很开心。"然后，试着采用更好的方法，说些你前任的优点。

在你解释自己感受的同时，向孩子保证你可以控制这些感受。"我有时会生气/伤心/害怕，但这一切都会过去，我会继续生活下去。"最佳的平衡状态就是让孩子认识到你的一些感受，但不要让它们成为孩子的负担。

现在大多数家长都想要避免性别歧视，但比起孩子在儿童期的时候，家长在孩子进入青春期后更容易浮现出无意识的性别歧视。我们很难消除植根于预期、希望和恐惧中的性别歧视。然而，如果我们愿意正视歧视，那么我们就有更多的机会保护孩子免受其困扰。

第一步，承认你自己与所有人一样，内心都藏着某些歧视。第二步，向孩子说明，你愿意消除自己的歧视。你也许可以让孩子帮你达成目标。你的孩子是否认为你的说话方式、你的行为或你设定的规则体现了某种歧视？孩子认为你们家里对家务和角色的分配方式是适当的还是偏颇的？孩子希望你怎样改变行为和语言才能显得更加中立？你可以与孩子一起看电影或电视节目，并一起指出其中展现的性别刻板印象，或者其中包含的关于女孩或男孩该如何行事、谁会爱上谁的带有歧视性的推论。

你可以与孩子或伴侣合作，在几周时间内追踪记录你使用的语言，就像保罗、蕾切尔和我做过的一样。这样做不是为了揪出任何人的问题或者找到责怪的对象，而是为了让你认识到，日常生活中的话语会如何强化对男孩和女孩的行为与成就的不同假设。你是否会对女儿说一些强烈的成就性词语，比如"骄傲""王牌""顶尖""胜利"？你能否欣赏儿子表现出的感性的一面，并说他"体贴""周到""善解人意""有爱心"？

你也可以与孩子分享你自己有关歧视的经历。在许多家庭中，有关歧视的经历都是家庭核心历史的重要组成部分。比如你的孩子可能知道，他们的祖父曾因为宗教信仰受到排挤，或者他们的祖母曾因为身为女性而没能去读大学，甚至没能完成更低层次的学业。但孩子可能不知道你可能也有类似的经历，比如你因

## 第十章 家长的消极影响:无意中的伤害

为性别、性取向、信仰或种族而被歧视。告诉孩子你在经历这些时的感受以及是如何应对这些经历的。然后问问孩子,他们是否目睹过在学校或是在朋友及其家人身上发生的不公平或有歧视性的事件。问问孩子他们会如何应对歧视,不论是针对他们自己还是针对他人的歧视。

请留意,不要接受"男孩就是长不大"或"男孩就是淘气"的说法,因为这会让你失去引导儿子行为的机会。也请留意所有贬低女孩的言辞,并对其进行质疑。这种言辞可能表达了女孩软弱的观点(比如称表现不佳的运动员"像个娘们"),或带有性暗示(比如"婊子""荡妇")。同时,你也要准备好接受孩子的纠正。消除根深蒂固的歧视需要你们合作付出努力。一旦群体中有人对隐性歧视警觉起来,对歧视的认识和不容忍就会扩散到整个群体。

鼓励你的儿子或女儿表达所有的感受。在第四章和第五章中,我们讨论过青少年的友谊。还记得男孩会因害怕他人认为自己软弱或没有"男子气概"而抗拒亲密的友谊吗?如果你接受儿子对一名好朋友的依恋,表现出你理解他们的亲密,并且乐于进行关于友谊的讨论,那么你就更能保护儿子,使他免受"男性准则"的束缚。

如果孩子提出关于改变性别认同或性取向以及变性的话题,家长应该感到自豪而不是警觉。能在家长面前保持坦诚的感觉,会在极大程度上让孩子感到安心。事实上,关于性别的广泛讨论在任何情况下都是一个很好的话题，因为这是在邀请孩子告诉你他们如何看待性别，以及他们是否认为你对此抱有歧视。

在与孩子合作努力的过程中，你会告诉他们，理解和对抗歧视是一项终身事业。展示出你愿意向孩子学习，这不仅能保护孩子避免因你的歧视受到伤害，也能增进你们亲子间的联结。

第十一章

# 走出青春期：
# 孩子何时真正长大

"我已经长大了（但这很可怕）。"

人们常说,"现在的孩子长得太快了"。这是什么意思?如今在很多文化中,青少年都被鼓励去接受更高层次的教育和训练,即使他们到了20多岁仍是如此。从前的每一代人都比现在的青少年更早承担起成年人的责任。所以为什么我们还会经常听到这句话呢?

在十一二岁时,孩子的年纪较小,会觉得自己"无所不知"。他们精心打扮,言谈举止都透着老练和世故,好像童年早就过去了。但是,虽然儿童在进入青春期时好像"长得很快",但青少年却需要很长很长的时间才能走出青春期。

30年前的家长们认为18岁意味着发育成熟;在进入大学、结婚或开始工作时,青少年就已经跨过了青少年与成人的分界线。一些家长会因卸下了养育孩子的重担、获得了新的自由而感到愉快,另一些家长则会因空巢而哀叹。但是,如果有哪个家长希望现在的青少年能在18岁时独立,那么他一定会大吃一惊。在许多国家,18岁是成年的法定年龄。但在当今世界,18岁不能代表青少年进入了成年世界。

如今,"离开家庭"是一个漫长的阶段,可能会持续 5 ～ 10 年。越来越多的年轻人在读完大学后会回到家中,重新与家长住在一起。许多家长发现,孩子做出的任何离开童年时所处家庭的尝试,都更像是走进了旋转门,而不是迈向出口。22 ～ 24 岁的年轻人中,有 60% 仍然与家长住在一起。为了理解我们处于青春期的儿子和女儿,我们需要理解上述戏剧性变化的潜在原因。

## 关于"雪花"① 的误解

许多家长担心,孩子长大成人的速度太慢是不健康的。一些权威人士宣称,如果家长持续支持和关心孩子,就会让他们变成"像彼得潘一样徘徊在成年边缘的年轻男女"——这更加剧了家长们的担忧。人们责怪"过度保护"孩子的家长削弱了这一代被打上"雪花"标签的人的情感支柱。根据这一观点,如今的青少年会无法抵挡真实生活中的水深火热。

在全球范围内,延迟进入成人世界的青少年都会被打上带有贬低意味的标签。在日本,已经长大但仍然与家长同住的大龄青年被称作"单身寄生族"(parasite singles);在意大利,常见的标签是"巨婴"(bamboccioni)或者"傻瓜大男孩"(big dummy

---

① Snowflake,原意为雪花,此处为贬义俚语,形容人自命不凡,又过于情绪化,容易被冒犯,无法接受他人的意见。

boy）——这种标签的出现或许是因为人们对男孩依赖他人的容忍度特别低。这些贬低标签的根源在于，人们猜测青春期应该结束于30岁之前，并且持续依赖他人是不健康的。

这种观点包含许多关于青少年长大成人需要什么的危险误解，而这些误解让亲子双方都感到消沉和沮丧。他们忽略了年纪较大的青少年在如今的成人生活中面临的挑战，也没有认识到与青少年大脑相关的基本事实。

## 青少年的大脑何时成熟？

在本书中，我一直将青春期的青少年称作"青少年"或"孩子"，但是，正如我在引言中指出的，青春期并不严格局限于孩子13～19岁的这段时间。青春发育期通常被认为是青春期的开始（在女孩身上以月经初潮为标志），在19世纪中叶，人们认为这段时期会持续17年；在20世纪中叶，人们认为这段时期会持续13年；而现在，人们则认为它会持续12年。饮食水平和健康水平的提高对此有一定的影响，压力也是。心理、生理和社会因素会使得身体发育在曾被认为属于儿童期的时间被激活。

不断变化的环境让青春期早早开始，但同时也带来了障碍，推迟了成年期的到来。这些障碍包括受教育时间长、新入职工作薪资低和独立生活成本高。但社会因素并不是全部。18～21岁的年轻人通常看起来更像是青少年而不是成年人，因为就大脑发

## 第十一章　走出青春期：孩子何时真正长大

育而言，他们仍然是青少年。

在第二章中，我描述了激素和基因重塑青少年大脑的多种方式，但最重要的影响因素还是经验。大脑细胞（神经元）会迅速发育，在青少年进入青春期时，他们大脑的灰质是一大团密集而纠缠的神经元。过多的神经元降低了大脑信号系统的效率，但也提供了巨大的机会。由于青少年个体的大脑活动不同，因此他们的大脑可以通过多种方式受到影响，具有丰富的可能性。青少年关注什么、坚持什么兴趣、被什么唤起热情，这些都能决定他们的大脑如何被塑造和重塑。当青少年与朋友交谈、与家长争吵或对话、玩曲棍球、听音乐、阅读、写作业、下棋或者给电脑编程时，大脑中就会形成并强化某些神经连接，同时减少和削弱其他未被用到的神经连接。

当青少年长到 18 岁的时候，他们的神经元已经经历了大量的修剪，但是控制冲动和情绪的神经网络还没有完全具备成人的能力。18 岁青少年的大脑需要经过 6 年，也就是到青少年大约 24 岁时，才能像成人的大脑一样运作。

青少年心里知道，他们的大脑还不能在没有家长支持的情况下很好地运作。由于人们都怀揣着"在青春期结束时，青少年应该完全长大"这种不切实际的期望，因此青少年会担心自己不够成熟是有问题的。家长们也会因看到自己 21 岁的孩子仍是个青少年而产生熟悉的内疚（"我做错了什么？"）和焦虑（"我的孩子有什么问题吗？"）。

当我们需要理解某样东西时，给它起个名字往往会有所帮助。一个词语可以使看似有问题或不健康的事情正常化。我用"新成人"这个词来描述那些站在通往成年期的大门前，但还没有准备好跨过去的青少年。"新成人"是指处于青春期后期，仍在努力"创造自我"的人。基本上，"新成人"指 18～25 岁的年轻成年人。

这段大脑持续完善的时期起到了至关重要的积极作用。"新成人"对于新的人、地点和想法有着更高的敏感度。每次遇到陌生人、从事新任务、练习新技能、学习新课程、撰写新论文或参与新项目时，他们都能得到探索的机会。这些机会有时令人兴奋，有时则令人生畏。他们那仍处于青少年状态的大脑会吸收新信息，在熟悉的词语中发现新意义，并为他们学到的一切赋予重要性。勤奋的大脑会持续地塑造青少年，但他们仍然需要家长的关注与理解。

## 青春期后期的退行

许多家长表示，孩子脾气暴躁、批评他人、坐立不安、鲁莽冲动的现象在他们长到十七八岁时就消退了，但当他们准备离家远行时，这些现象就又出现了。约什莉的女儿内马 18 岁了。这位母亲说："她去上大学前在家里度过的最后一个暑假，我们都过得很开心。她因为那份暑期兼职工作欢欣鼓舞，尽管我之前觉

## 第十一章 走出青春期：孩子何时真正长大

得那份工作会让她无聊得要命。她下班回到家时，会表现得像家里真正的一分子。她会帮我准备晚餐，甚至和我们一起吃饭、跟我们谈话。好像她青春期的那种躁动不安完全消失了。这周她就要离开家去上大学了。可是这周简直太不好过了！在她嘴里，我做什么都是错的。她更像是14岁，而不是快19岁了。"

18个月之前，当内马还是17岁时，我发现与她交谈很容易。她会反思"以前我和妈妈之间的糟糕问题"，就好像那些事已经翻篇儿了。"我妈妈现在理解了，我已经是一个完全不一样的人了。她知道了她不应该质疑我，她会真正地询问我的想法，而且尊重我做出的关于大学和其他事的决定。我们现在的状态与几年之前完全不同了。"但是当我最近一次敲她卧室的门时，她语带敌意地喊出一声："什么事？"我在门外等候，直到她自己打开门。她扯出一个礼节性的微笑，但脸上挂着因愤怒产生的红晕，就像闹脾气的孩子。"对不起，"她开了口，随后痛哭起来，"天啊，我讨厌这样哭。"

她在剧烈地吸了几口气之后止住了眼泪，我们才能够继续交谈。"我妈妈对我去上大学这件事太兴奋了。我的意思是，我也很兴奋，但也感到非常……好吧，我等不及要走了。但这还是很难应对。你知道的，我要面对的事情太多了。"

随着离别的日子越来越近，她意识到独自一人的生活"要面对的事情太多了"。她想知道，离开家的生活会是什么样？这种"退行"说明内马对于离别感到焦虑，以及她认为有这样的感受是错误的。她不希望自己依赖家长，但没有他们的生活又让她害怕。和更年幼的青少年一样，她的矛盾心理通过心境多变和暴躁易怒表现出来。对她还处于青春期阶段的大脑来说，这种矛盾和焦虑是难以应对的。所以从前那种青少年式的翻白眼行为又回来了，"浑身带刺"和"噘嘴"的行为也回来了。"离我远点儿，但不要离开我。"

青少年会在他们要离开家的时候出现退行现象，这是因为他们知道自己还没有做好长大成人的准备。青少年重视自给自足、独立自主，但对于如今的年轻人，这些目标难以企及。比如过去那些中产阶级的青少年在20岁出头就可以结婚成家、独立居住了。而对于如今的许多青少年，他们只有到30多岁时才可能达到祖父母在他们现在这个年纪时的经济独立水平。他们得到的第一份好工作不会是一份终身工作，而只是某份只会在二三十岁这个阶段从事的工作。当现在的青少年离开家时，能支持他们的正式或非正式的支持性人际网就更少了。对于许多青少年，宗教团体、社交俱乐部、工会，以及由亲戚和朋友组成的紧密联结的社区都远没有他们祖父母那一代人年轻时那么普遍地存在了。

虽然家长经常说孩子和年轻成年人的生活更加容易，有各种各样的机会，但大多数青少年在学校、工作、家庭等方面面临的竞争都比他们父母年轻时面临的更多。青少年会问自己："我是走在正轨上吗？""我达到我这个年纪该达到的位置了吗？"并将自己与全球范围内的人进行比较。与社交媒体上那些理想化的

## 第十一章 走出青春期：孩子何时真正长大

片面形象相比，这些青少年自己的成就显得微不足道。现在的许多青少年志存高远，并心怀对生活和工作应该令人愉快和满意的普遍期望。家长们鼓励孩子有这样的想法，却很难保证孩子能获得这种未来。

在这个阶段，青少年仍然没有发育成熟，并且家长仍需对孩子已经能够应对什么、在哪些方面还存在不足进行监控。对于一些年纪较大的青少年，他们可能还难以管理自己的日常生活。有些青少年可能善于管理银行账户，却做不到在必要时去看牙医；有些青少年可能在为课程或工作撰写申请时妙笔生花，却忘了按时提交这份精心撰写的文档；有些青少年能顺利准备一场面试，却在计划前往面试的行程时不知所措；有些青少年能承受与恋人分手的心痛，却不能接受考试得低分或与朋友争吵。

家长有可能因孩子这种不成熟而感到失望，甚至感觉自己受到背叛。他们坚称："你都快20岁了，你应该能自己处理这些事。"有时，家长会因孩子缺乏组织能力而绝望，但这些没能预约牙医或按时提交工作申请的"新成人"并不像家长说的那样"完全没有章法"或"极度不负责任"。这些年轻人只是觉得有些事处理起来非常令人困惑或焦虑。

直到24岁时，年轻人都可能需要家长提供的"脚手架"。提供"脚手架"的原则包括关注具体的问题或缺陷，家长随后可以提出解决问题的办法，并在"新成人"尝试解决问题时准备好随时提供反馈。年轻人需要的是具体而有远见的反馈，而不是传递出"你现在完全靠自己了"这一信息的"严厉的爱"。虽然"新成人"可能看起来比年轻一些的青少年身体更强健，但他们仍然对家长的积极评价高度敏感。他们比家长还希望自己不需要支持——但实际上他们确实需要。

## 脆弱的镜中我回来了

我们已经了解到，青少年的身体里住着一个镜中我，这个镜中我因他人如何看待自己而焦虑，也因自己想要别人如何看待自己而困惑。他们的日常生活中穿插着"我是谁""我的身体发生了什么"，以及"我应该自豪还是羞愧"的疑问。

年纪较大的青少年更为放松，也更能接受自己的身体和心智。他们已经知道了自己是谁，认识到了什么样的朋友适合自己，也确立了想要追求一生的兴趣和目标。但在离开家去上大学或者开始正式工作时，那个镜中我就会回归。他们好奇："走出家庭后，我怎样才能符合外边广阔世界的要求？"他们担心："我能学到我需要知道的东西吗？""我能找到可以保护和安慰我的朋友吗？"

更深刻的问题是："面对这些新面孔，我是谁？我能融入哪个群体？我跟其他人比起来怎么样？"如复仇一般，这些曾在他们14岁时就折磨过他们的残酷的自我凝视的目光，在他们离开家去上大学的第一个星期或第一个月就卷土重来了。突然间，他

## 第十一章 走出青春期：孩子何时真正长大

们被全新的一群人看着，并被他们评价。对于谁能成为朋友并对自己表达赞许，谁会冷言冷语且完全不理睬自己，他们失去了原本熟悉的评价标准。但社会学习只是他们面临的新挑战之一。

在高中时能轻松而快速地学习的青少年往往觉得大学生活很难应付。他们需要更多时间吸收被教授的东西，也需要更多时间反思自己的经历。有些青少年会产生错误的想法，认为学得慢是因为自己"笨"。但这种节奏转变实际上是学习深度增加的结果。这种深度的增加既体现为他们学到的知识比起高中阶段增多了，也体现为他们对自己的了解程度加深了。在这个更加缓慢、深入发展的阶段，一些"新成人"认为，他们从前的自信说明他们受到了别人的愚弄，或者说明他们蒙骗了别人，让别人相信他们有超出实际情况的能力。他们得出结论，如果自己表现得比别人聪明，那么对方一定是在装傻。于是，他们开始担心，自己的短板随时会暴露出来。

害怕自己的能力不如他人，害怕所有表面的成功都是海市蜃楼，害怕自己随时会被当成骗子暴露在人前——这种情况被称作"冒充者综合征"。这种综合征并不局限于青少年。在开始新工作以及面临新要求和高期待时，即使是通常很自信的成人也会为自己的能力而感到焦虑，并觉得自己被委以重任是因为别人都因被蒙骗而相信自己。不过，成人更有能力进行现实检验、发挥自己的长处，并在这期间弥补自己的短板。但是，在"长大成人"的那几年，青少年的大脑极度重视自己看起来如何以及他人如何看待自己。因此,当"新成人"的能力在新环境中受到检验时,他们就尤其容易发展出冒充者综合征,而且并不总能对其进行现实检验。

青少年对自己正在形成的新自我抱有高度期待。他们渴望这个自我,却尚未意识到这一点。他们想要变得更有趣、过得更快乐、为社会做出比家长更多的贡献。他们渴望自己羽翼丰满、展翅高飞。在新的环境中,面对新的挑战和人,青少年的高度期待和他们身处的现实产生了距离。就是在这道裂缝中,自我怀疑开始滋长。

自我期望和现实状况的匹配与否对于人的自尊至关重要。当我们对自己的期望与(想象中)自己的形象保持一致时,我们大体上就会感到舒适;而当我们没有达到对自己的期望时,我们的自尊就会很低。住在家里时,年轻人身边环绕着传递爱意和支持的细微信号。他们青少年式的行为、恼怒和冷漠的眼神、表示愤怒的姿势都可能引起一场狂风暴雨,但在家庭环境中,总有无数信息传递出"你值得被爱,你很重要"的信号。当父母在早晨看到儿子或女儿时自然而然地扬起微笑,在孩子回家时进行欢迎,在听到孩子于平凡的一天中获得了平凡的成就(不论是按时赴约、找到丢失的钥匙,还是在学校的小测试中拿了高分)而欣慰时,他们都在传达这个信息:"你很重要,你值得被爱。"

而这种支持慢慢退居幕后,变得难以察觉,直到消失不见。它们的缺失使"新成人"的第二层皮肤,即他们与这个显然冷漠

## 第十一章 走出青春期：孩子何时真正长大

而具有竞争性的世界之间的保护层消失了。他们表现出的聪明伶俐不能再赢得朋友赞赏的笑声或是老师的认可。有些青少年总结说："我并不像家里人认为的那样是个聪明有趣的人。我是个骗子，我只是假装我属于这里。"

成就很高的"新成人"发展出冒充者综合征的风险尤其高。这似乎有悖常理。高成就的年轻人为什么会担心自己"暴露"呢？这都与预期（你觉得自己应该是什么样，以及你希望自己是什么样）有关。18岁时，克丽斯塔在高中成绩优异，通常是班上最聪明的那类学生。人们告诉她，只要她相信自己，她就可以"做任何事"或者"成为任何人"。但在她上大学的第一年，她的自信消失了。

她告诉父母，她感到茫然无措，因为"这里的人都特别聪明。他们说的东西我根本想不到。他们的思想都很深刻"。克丽斯塔的父亲说："你和其他人一样聪明。"但她回答道："这只能证明我是个大骗子，我假装自己很厉害，招摇过市。"

克丽斯塔的父亲想让女儿振作起来，但是她却感觉不堪重负。"求求你了，"她哀求道，"别再说我很棒了。我感觉我待在这里就等于在说谎，我是在假装自己属于这里。"克丽斯塔把大学课程带来的正常挑战误认为是她"不如其他人聪明"的标志。她仍然因"你可以成为任何人"这则信条感到困惑。同时，她粗略而尴尬地向父亲解释了高期望在她的自我怀疑中起到了怎样的作用。

克丽斯塔的困惑一部分来源于家长对青少年说的那些"好话"——"你对我们很重要""你有很强的潜力""在某种程度上你一直是个'明星'"。这些信念来自家长误入歧途的努力，即不断夸赞孩子、不断保护孩子免受失败。正如我们在前面的章节中看到过的，夸赞并不是总能提升士气。对于固有品质的赞美，比如"聪明""有才能"，通常意味着"你学得很快""你一点就通""你总是表现很好"。可当学习不再容易时，又会发生什么？

克丽斯塔坚信她不是"真的聪明"，因为她觉得真正聪明的人不会感到挣扎纠结。被别人看到自己不是一个毫不费力就能大放异彩的人，让她觉得自己作为一个"不聪明、很糟糕"的人被暴露于人前。克丽斯塔向父亲恳求"别再说我很棒了"，这使她父亲有机会认识到自己的误解，并问出一个至关重要的问题："是什么让你这么担心？我忽略了什么吗？告诉我，让我理解你的感受。"

如果克丽斯塔的父母事先知道女儿觉得灰心、迷惑、焦虑，甚至因为学业上的困难而感到羞耻，他们就可以帮助她将这些反应（"我的大脑有缺陷，我将一事无成"）去灾难化。如果克丽斯塔的父亲事先知道女儿听到别人说自己天生"聪明"时会感到更有压力而不是骄傲，他就可以通过让女儿相信她有能力学习和成长来提高她的士气（关于哪些形式的赞美会起反作用，参考第十章）。但是，克丽斯塔的父亲选择了结束对话，在女儿说"我觉得自己像个骗子"时仍用赞美来使她安静下来。他没有提供安

## 第十一章　走出青春期：孩子何时真正长大

慰，而是不明智地暗示女儿，自我怀疑是不可接受的。

人们常说，冒充者综合征对女孩和年轻成年女性的影响比对男孩和成年男性的影响更强。但在参与我的研究的年纪较大的青少年中，我没有发现这方面的差异。然而，青春期男孩和女孩应对冒充者综合征的方式却有所差异。女孩更容易相信他人表现出来的信心是真情实感而且是名副其实的。而19岁的男孩尼克则认为，所有人的表现都是伪装。"我知道，其他人也在伪装。我几乎能感觉到，他们在课上发言时，内心有多么扭捏犹豫。他们就像是在装样子，然后希望会有好事发生。他们希望卖弄的发言会得到掌声，却完全看不到自己的样子有多愚蠢。"尼克还通过怀疑他人是"骗子"来安慰自己。他和霍尔顿·考尔菲德的看法一样，认为"所有人都是虚情假意"。

家长往往很快就会为孩子的自信喝彩并提供鼓励。但当我们对青少年的经历有了更多了解时，我们就能看到并捕捉孩子深层的自我怀疑有多重要。当青少年表达出自己因冒充者综合征而挣扎时，家长就需要关注"我觉得自己是个骗子""所有东西都是虚伪的""我不是家里人认为的那个样子"这些话背后的深意。我们不应坚称"这不是真的""这是无稽之谈""别再怀疑自己了"，而是可以将此当作契机去了解自我怀疑的"新成人"。

之后，我们可以通过向孩子提出请求，如说"帮帮我，让我理解你在怀疑什么"来帮助他们拓宽视野。有时，简单地大声说出疑虑（"我在这门课上遇到了困难"或者"我跑得没我想象中那么快")就能够减弱其强度。有时，认识到"我不是什么都做得成，我能做的事是有限的"就可以引发更深层次的追问，比如："你想要成为什么样的人？你觉得什么是有价值的？我们一起想一想，你可以怎样达成目标——成为那样的人可以有很多不同的途径。"

正如我们已经看到的，"新成人"仍然需要家长提供"脚手架"，并在他们步入成人世界的路上为他们保驾护航。家长可以通过提议"我们一起看看有哪些方法能让你获得尚未获得的技能"来为孩子提供"脚手架"。不论家长和孩子能否发现解决方法，家长都可以令孩子安心，让孩子知道家长仍然陪在他身边，保持好奇、投入，并且准备好根据孩子面临的现实改变自己的看法。

## 管理情绪的新挑战

无论我们年龄多大，他人的存在都能帮助我们管理自己的情绪。我们的呼吸会与他人的呼吸同步，我们的姿势、手势甚至心跳也是同样。情绪通过多种方式影响我们的身体功能，我们与他人分享感受，他人也帮助我们管理自己的感受。在离开家时，青少年失去了家庭和亲密朋友提供的"情感恒温器"，这使他们再次在情绪的起伏中挣扎起来。

刚入夏的时候，佩姬告诉我她想获得"自由"，想不再必须

## 第十一章 走出青春期：孩子何时真正长大

"告诉妈妈我要去哪里和什么时候回来"。她期待的是不再"为了爸妈担心我而发愁"。"他们说这是为我'操心'，然后我一回家他们就唠叨。他们一操心，就怪我不好。"但是现在，她发现"自由"的感觉像"在真空中行走"——为她"提供氧气"的家长、兄弟姐妹和老朋友们都不在她身边。当他们不在的时候，她的精力和信心都耗尽了。焦虑和自我怀疑加重了她大脑的负担，降低了她的学习能力。

佩姬解释道："大学应该是有挑战性的，但我却觉得没有遇到挑战。我觉得我完全迷失方向了……我坐着读书，一章读了一个小时。可一分钟之后，我却无论如何也说不出刚才读到了什么……我的大脑比任何人都空……我不觉得自己笨，可我的脑袋空空如也。"

佩姬通过进食来填充这种空虚。她承认自己体重涨了大约7千克，而且她"穿那些松松垮垮的衣服是因为其他衣服都不合适，但是它们真的很舒服"。她拽了拽过于肥大的袖子，袖子盖住了她的手，但我仍能不时看到她脏兮兮的指甲周围的粗糙皮肤。她棕红色的头发在离家去上大学时还很长，现在则短而不整齐。"我把它剪了。自己剪的。我当时感觉很不真实，好像不是真的在剪头发。这也不重要了。"

进食似乎能带来爱意、关怀和享受，因此它也能提供安慰。但对佩姬来说，进食也提醒了她，没有人在她身边监控她的饮食、帮她进行自我控制。她为了获得安慰而进食，但在过度进食时，她也看到了没有人足够在乎她、没人会来阻止她的证据。

不开心和焦虑的混合体吸走了她的心理能量。她不再好奇，不再能够吸收新信息。她过去非常期待见到新的人，但现在这令她恐惧。佩姬读大一的这一年在课堂上越来越心不在焉，最终期末考试挂了科。

佩姬的母亲露丝"无论如何也想不通到底发生了什么"。她认为要么是大学的教学出了问题，要么是高中的教学出了问题。她认为大学没有给女儿提供足够的支持。有时候，她也会责备佩姬，认为她"该自立了，却还是像个小女孩"。佩姬的继父说："十个月之前，我们以为要跟女儿告别了。我们当时以为她要离家远去了。现在露丝在夜里起来陪她的次数比她还是婴儿时都多。露丝只是抱着她，陪在她身边。"

这种退行是常见的。"新成人"患上心理疾病的概率最高（接近30%）。35%的大一新生面临某种程度的抑郁和焦虑。过高期望与现实的不匹配使"新成人"和他们的家长在面对他们向成年期的缓慢转变时手足无措。因此，家长错失了为孩子提供必要支持的机会。

如果没有家长的持续参与，"新成人"向成年期的转变就更加艰难。如果没有家长的支持，青少年的自信以及他们的抱负和目标就可能起伏不定。一项为期五年的研究追踪了600名18～24岁的年轻人，发现28%的"新成人"缩减了自己的职业规划；在灰心丧气的状态下，50%的"新成人"不相信自己能够

## 第十一章 走出青春期：孩子何时真正长大

达成目标。该研究中超过三分之一的年轻人认为自己 21 岁时的能力显著低于自己 17 岁时的能力。

那些能够健康成长的"新成人"表示，他们能成功只有一个简单的原因——他们的家长总是"在身边"。"在身边"包括给他们提供安慰、建议和支持，但最重要的是，它对于这些年轻人来说意味着"知道父母会倾听""父母会保持耐心""父母不会对我说教和评判，而是帮助我把事情想通"。

这对家长来说不是容易完成的任务。"新成人"并不是总会用最积极的方式表达出自己对爱的需求。佩姬总是用生硬的"还好"来回答"你好吗？"这个问题。她告诉我："多说也没用。我觉得自己是一团乱麻。都是我的错，他们又能做什么呢？"她上大学的第一个月会给家里打很长时间的电话，后来很快就不这样做了。"我会告诉他们一些事，然后等他们听明白我真正想说的是什么。可他们似乎无动于衷。他们说'听起来不错'，可我想说的根本不是这样。难道相处这么久之后，他们还不了解我吗？"

佩姬试过与父母沟通，表达她的想法，但她的父母并没有听进去。"我告诉他们，我在大学过得很艰难。而他们说'听起来你做得不错'。难道他们聋了吗？"家长的这种"耳聋"来自他们与"新成人"的现状不匹配的希望和过高的期待。佩姬 17 岁时非常自信，但在 19 岁时，她被新的要求、新的焦虑和新的不确定性吞没了。即使到了 20 岁，佩姬仍然属于青少年，而她被汹涌而来的成年生活吓倒了。她仍然依赖家长具有反应性的关注来保持自己头脑的条理。

在孩子刚成年这几年对他们表示理解，与许多对于他们是什么样的人、应该成为什么样的人的期望相悖。"新成人"具有的自我控制能力只能隐藏他们的需求、恐惧和焦虑，却不能减轻它们。如果家长要做出正确的反应，他们就需要对自己的感知进行调整。与青少年交流不是简单地听听他们说话或者和他们聊聊当天的头条新闻，而是要表现出热情、尊重的好奇心和纠正误解的意愿。

"听起来我觉得事情还算顺利。你也这样觉得吗？"这样的说法就是一种愿意倾听的信号。或者家长也可以说："听起来你好像有点儿心情低落。是这样吗？你能告诉我你的想法吗？"

有时，家长只有在谈话结束之后才会反思自己当时没有注意到的语气或者话语中的犹豫。家长可以在下一次谈话时回顾这些。"你能让我们知道你会如何应对困难的问题吗？"这个问题也可以是一种开场白。这样的说法表明，即使孩子遇到问题，他也是安全的。

记住，误解让你有机会向孩子表明你想要理解他们。你可以说："在你谈论自己的感受时，我有时候会因为走神而没听到。所以我想跟你确认一下。我知道你能自己应对很多问题，但是我不希望错过什么内容。你长得那么快，又不在家，我很容易错过一些事情。"

#### 第十一章　走出青春期：孩子何时真正长大

　　同所有的方法一样，这样的说法也可能在某次谈话中并不适合某个孩子。听懂青少年的话通常需要试错。有时候我们误解了孩子的意思，然而认识到哪里理解错了也是青少年塑造和改进家长看法这一积极过程的一部分。

　　在从青春期进入成年期时面临挑战并不新鲜。但现在青少年的这种转变越来越难以预测，也越来越得不到支持。在青少年面前，未来是一个迷宫，而不是一条道路。那些能良好地完成这种转变的青少年都是在家长的持续支持下完成这一过程的。

# 结　语

　　许多育儿理论认为，童年依恋是成功养育的关键。这些观点中的常见信息是，只要家长把孩子"放在心上"，并与孩子保持和谐的关系，孩子就未来可期。而在本书中我的观点是，童年期只是孩子的大脑、心智和情绪发展的一个阶段，在这个阶段的孩子需要获得与孩子和谐相处、好奇且乐于参与孩子成长的家长的帮助。

　　虽然青少年的大脑给青少年和他们的家长都带来了新的挑战，但这也为他们提供了建立更深层次依恋的机会。在早期的基础学习中，儿童开始理解自己和他人都是会思考、有信念、有愿望、有欲求的存在，这是持续整个青春期的漫长过程的开始。

　　青春期的孩子需要家长持续的镜映过程，而不仅是告知他们是谁，也不是指导他们应该成为什么样的人。青少年在组织自己心智和情绪的过程中寻求家长的参与，需要家长充当合作者。虽然青少年自己在这个过程中并不总是做出积极贡献，但只要家长愿意理解青少年发出的信号，青少年就会表现出他们的需求、感激，以及他们为家

# 结 语

长提供指引的意愿。这些信号包括令那些不再追踪孩子兴趣、信仰、情绪和目标变化的家长变得警觉的"身份提示",也包括对家长言行的频繁批评。这些批评是孩子对纠正家长付出的努力,他们在这样做的时候,就是希望这一次能够从家长那里得到自己需要的回应。

青少年对于家长与自己的和谐相处有着高度期待。他们希望家长与自己的内在产生共鸣。这些高度期待建立在过去经验的基础上,比如家长在他们还是婴儿或儿童时展示出来的温暖的好奇心。但与儿童比起来,青少年能更透彻地了解自己以及自己的感受和想法。青少年想要进行主导。他们缠着家长,让家长努力"听懂"自己的话,纠正关系中出现的任何误解。在努力搞清自己要成为什么样的人的同时,他们也希望家长给自己一些空间和隐私,展现出对自己的尊重。

青少年这种新的复杂需求可能使家长面临的情况更加复杂。常见的问题可能会恶化,而且有时青少年的精神生活会展现出预料之外的脆弱。然而,即使在明显的混乱之中,青少年修正和成长的能力也不应被低估。青春期意味着巨大的潜力,青少年的大脑渴望学习和探索、有创造性地思考,并给世界带来积极影响。在这段漫长的时期,青少年(包括十几岁的青少年和刚成年的"新成人")不时希望家长能提供指导和支持,而且总是希望家长能赞赏和理解自己。联结与独立、陪伴与隐私之间这种微妙的平衡不会在每一次互动中都得到维持,但只要家长能够像孩子还是儿童时那样,积极、温暖地解读处于青春期的孩子的想法,这种平衡就会很好地发挥作用。

# 致 谢

如果没有那些乐于坦露自己的爱意、迷惑和挫败感的人们提供的帮助，就不会有这本关于青少年与家长的书。本书中提及的很多家长在他们自己还是青少年时就参与到这项调查中了，而在作为本书基础的众多研究中，他们都是我忠实的合作伙伴。我欠他们的情应该让世人都知晓。

感谢利华休姆信托基金为我关于青少年社交媒体使用的研究提供了支持。感谢"女性领导"的创始人兼首席执行官埃德温娜·邓恩支持我对于尝试使用一种干预措施来改善青少年社交媒体健康的提议，并且提供了基础设施使之得以落地。与"女性领导"团队一起工作很快乐，我要特别感谢研究策略分析师弗扬·德克斯特以及贝基·斯莫尔，他们投入这项试验并承担了组织和分析工作。剑桥大学纽纳姆学院为资深研究员提供了慷慨的研究支持，以及必要的个人和经济支持，包括给我机会参与世界经济论坛，以及邀请众多青少年的家庭、学校参与我的研究。

# 致 谢

与卡罗尔·吉利根的谈话使我备受启发,其对本项目的支持也让我兴奋不已。朱瑟琳·乔塞尔森多年来在定性研究方法方面为我提供了深入细致的指导,而我有幸与她一起进行的关于女孩友谊的研究工作也获得了丰富的数据资源。梅丽莎·海恩斯、米歇尔·斯普林和玛丽亚·蒂皮特为我提供了鼓励以及有益的反馈和建议。伦敦圣乔治医院的儿科心理医生朱莉娅·纽伯里向我详细介绍了年轻人身上关于医学无法解释的症状的复杂问题。由专业教育系统研究所(英国)主办的临床对话会为我提供了与儿童及青少年发展、家庭动态,以及如今的年轻人所面临的危机这些领域的专家进行接触的机会。剑桥大学赞格威尔俱乐部讲座系列的内容具有开放性和广泛性,使我在青少年神经生物学这一快速变化的领域的研究与时俱进。

多年以来,我有幸能够在诺顿出版公司出版我的作品,并由吉尔·别洛斯基担任我的编辑。她对我工作的持续参与对我来说是无价的。为撰写本书,我从德鲁·魏特曼那里获得了额外的信息,他的热情、指导和对细节的关注对本书的形成起到了至关重要的作用。

# 译后记

时隔一年，回首再看这本书，我的感受只能用"感慨良多"四个字概括。做与青少年有关的事业，是我的毕生梦想；而能做点滴贡献，我便已经知足。

翻译这本书是我和挚友赵昕培老师的第一次合作。我首先要感激巴别塔文化大力促成此书的引进，其次要感谢我最信赖的朋友赵昕培老师的鼓励和鞭策，她带我走出了最窘迫最困顿的时期。

还记得，我接手这本书，是因为它涉及青少年——而话题的主体一旦限制为"青少年"，就势必跟"青春期"这一独有的、带有心理学意义的年龄段联系起来。无他，在青春期之前，幼年个体往往被称呼为"孩子"或者"小孩儿"，这种童稚的称呼反映了他们非成熟的表现。在大人的视角中，这个阶段的孩子往往"听话"，表达诉求的方式也简单直接。青少年时期的孩子则"复杂而多变"，在各种文学作品中，青春期往往代表着"叛逆"，和家长的"争吵"，甚至还有"无休无止"的各种问题……

# 译后记

"你真是不可理喻！跟你说话一点儿意义都没有，不是吗？"作者前言中的妈妈朱迪喊道。我们可以完全肯定，这种歇斯底里、对子女人格的否定并非父母本意。但是我们首先要注意，这种情景之所以会出现，就是因为青少年与父母在相处的过程中，极有可能因为一点点小小摩擦（而非争执）就爆发冲突，仿佛"一点就着"。我分享过一个形象的比喻：青春期的孩子就像一个玻璃纸做的小人儿，有一点儿风吹草动就发出"咔嚓咔嚓"的响声。但是，青少年有这种表现的原因其实无外乎三个。其一，青少年年龄增长导致他们要考虑的事情增加。比如，青少年的人际关系日趋复杂。长大后，他们不再像幼儿园小朋友那样，过着"排排坐吃果果、每个人都是好朋友"的生活。青少年开始区分亲疏远近，也因此有了期望和失望。其二，青少年的自我认知会随着产生偏差。比如，随着学业难度提高，他们可能不再名列前茅，因此容易自我否定，从认为"我是最棒的"变为觉得"我还不够好"。后一种情绪必须引起警觉。如果处理得当，家长们可以引导孩子为"我要成为更好的人"而努力；如果处理不当，孩子则容易因此沮丧、失意甚至焦虑、抑郁等。其三，青少年需要一些独立空间。因此，有时候只要家长存在，青少年就会感觉"哪儿都不对劲"，甚至如芒在背。也许青少年其实本来没有什么需要藏着掖着的事儿，但是就会因为家长"进我房间不敲门"等在青少年的自我认知中侵犯了他们私人空间的行为，而与家长产生诸多矛盾和纠葛。

## 读懂青春期孩子的成长信号

"在青春期,有一个陌生人会侵入可爱孩子的身心",这种观点代表了一种关于青少年的文化意象——某个你爱的人会变得陌生,并且他还致力于毁掉埋藏在他内心深处的那个好孩子。"青春期扰乱了孩子的核心人格",对这种观念人们深信不疑,而青少年也不会注意不到这种看法。青少年的自我观念处于一种波动的状态,这可能令他们兴奋;但家长对这些变化的误解可能导致青少年对于"我是谁"产生困惑或者恐惧。

作者以青少年的亲子关系为起点展开了本书。"混乱"一词用在亲子关系中可谓鲜见,但它却又完全能体现出作者这段话中青少年这个矛盾体的特征。但是,在面对处于青春期的孩子时,我们也要认清,大人眼中"判若两人"的孩子其实自己也会觉得不适应。伴随着第二性征发育等生理变化,青少年自己的世界也"天翻地覆"了。亲子关系的混乱其实是由青少年自身的混乱引发的,家长要意识到这本身不是自己的错。家长和孩子成长时代背景的不同客观上造成了代沟,代沟的存在增添了沟通的障碍。但是家长无须内疚——大家都是第一次为人父母。亲子关系问题的成因或许难以溯源,或者因果关系错综复杂难以厘清,但既然问题已经产生并且客观存在,理智的应对方法就不是听之任之,而是想办法解决问题。"青春期"并非一瞬间就可以结束的,因此这种"新常态"——甚至可以说是"危机常态"——需要家长们去适应和有针对性地应对。

# 译后记

　　意识到问题所在和问题的成因，我们势必需要考虑问题的解决。因此，我们需要先了解孩子们到底在想什么、他们的言行代表的究竟是什么。近期上映的电影《头脑特工队2》的情节，就反映了青春期女孩的情绪元素在原本的喜怒哀乐之外多了焦虑、羡慕、羞赧和无所谓。新出现的四种情绪元素甚至出场次数更多。青少年的大脑让他们觉得自己已经成熟，而在焦虑、羡慕和无所谓等情绪的主导下，他们很可能变得容易冒进和冲动。但是，由于焦虑（此处更指上进心）和羞赧（此处更指知耻心）的存在，青少年也会变得畏手畏脚，不敢行动。"混乱的青春期"其实就是一个不断找寻自我，让理性与感性和谐共生的阶段。良好的亲子关系抑或说"爱意"能够强化和稳定青少年的自我认知，有利于他们的大脑发育和神经元生长。但是，孩子也有自己的"主见"，会想通过留宿他人家中、购买一定金额的物品等行为证明"自己是个大人了"。由于在法律定义上此时青少年仍然属于"限制民事行为能力人"，因此家长一定要留心并监督孩子，避免他们养成坏习惯。交流和管教是必需的，而采取什么样的惩戒方式则需要家长运用智慧仔细思量。惩戒过轻则不痛不痒，难以纠正坏习惯；惩戒过重则伤害亲子关系，影响双方感情。

　　同时，家长一定要清醒客观地看待孩子的表现，尤其是他们说出的话语——并不是所有话都代表说话人的本意。孩子自然而然地会有负面情绪，而家长应当给予关照、呼应和引导纾解。对于消极、悲观的负面情绪，家长也不必大惊小怪或者觉得如临大敌。"把青少年放在心上"，用心感知孩子的情绪感受，并为他们提供合理的

## 读懂青春期孩子的成长信号

陪伴与建议,如此一来,家长们就必定能成功地帮助孩子管理情绪。在家长眼里,孩子的情绪可控,就是所谓"孩子夺回了身体的控制权",变回童年时那样天真、自在和"听话"的表征吧。

在青春期,青少年格外渴望同龄人的理解和尊重。因此,青少年可能表现得"更在意朋友而非家人"。其实这无可指摘,在成长过程中,陪伴青少年最多的便是他们的朋友,遑论孩子交友有诸多益处。孩子们会"扎堆儿"形成小圈子,这也有助于他们分享秘密、互相解惑和获得他人的理解认同。孩子们通常因为有着共同的兴趣聚在一起,而一群孩子集体进行对于自我行为的反思——"我为什么会对妈妈那样说话?"或者对自己身体的探索——"我怎么会长出胡须?"有助于他们在朋友的支持下应对一些难题。当然,内向与外向青少年的表现并不相同,也会有人选择沉浸在书本中或者自己的世界里。个体差异大也是青少年的一个重要特点。

但是交友对青少年也意味着"风险",会给他们带来压力。最主要的压力便是"同龄人压力",这可能表现在课业、运动、爱好等方面。但青少年承受的压力,也可能是性别带来的压力、为了合群而产生的压力等。新技术也带来了新的压力来源,比如新的电子设备面世时孩子们往往会跟风攀比,这给经济能力稍弱家庭的孩子带来了更多的自卑与不安。

至于青春期的感情萌芽,家长一定要有正确认知。青少年在性心理、性生理甚至性拒绝与同意等方面的正确发展,都仰赖于家长积极面对相关议题。良性、正确地引导和教育孩子,是避免悲剧性事件发生的重要措施。

在沟通方面，家长在发出"孩子不可理喻"的感叹时，也要反思自己是不是一直"高高在上"惯了，有没有意识到子女也是有初步个体意识的人。家长也要注意，在面临工作和生活的压力时，自己是否陷入了"踢猫效应"——把自己的负面情绪发泄到了孩子身上。人往往都不那么善于应对变化，面对孩子的转变，家长们可能会束手无策。但家长们也需要思考，自己是否能识别子女异样的表现，以及是否愿意主动、积极地加以应对。说教语气会让本就敏感的青少年感到不快，还会导致青少年产生"我感觉他们是对的，但我讨厌这样"的抵触情绪。另外，如前文所说——"一点就着"的从来都不只是青少年。家长如何分析、化解和应对孩子的批评，尤其是能否"放得下身段"，也是家长要考虑的问题。

此外，我还要说的是一个虽然发生率不算高，但由于我国人口基数大而导致案例颇多的事儿——青少年的自残与自伤。人的本性应当是趋利避害的，但是也有一些青少年会选择伤害自己。大人对此一定要提高观察力和警惕性。虽然青少年的这种行为不一定是因为家长而产生，但是家长理应就此对孩子负责。家长也需要格外关注青少年身上其他躯体化障碍、进食障碍、惊恐发作等问题，并在必要时及时介入并引入医学干预。

家长即使自认为"做好"了一切，但生活也可能不尽如人意。由于亲缘关系，家长对孩子有保护欲和照顾欲，甚至在许多言行中将孩子视作第一位。但人生不会按部就班。人的一生总有起伏，一

### 读懂青春期孩子的成长信号

个人的社交、经济等方面都可能出现无法控制的变动，为整个家庭带来不受欢迎的影响。家长可能会失去工作、存款、房产，以及那些他们想给予孩子的东西。有时家长会做出一些决定，而孩子却认为这"扰乱"了他们的人生——家长"为了孩子好"而做出的举动反而可能在无意中以种种方式给孩子造成伤害。沟通和表达或许是成功实现本书"读懂青少年"之目标的第一步。

在中国互联网媒体上，我们看到最多的话题是家长和子女因为学习、游戏、电子设备、归家时间、课外补习、兴趣班等事项产生争执。"家长因陪读被气哭"等话题动辄登上热搜，引发讨论。其实在现在的义务教育和高中教育体制下，家长、学校、孩子三方联动是最关键的。良好的环境才可能孕育良好的情绪，良好的心境才能缔造和谐良性的沟通。没人会把自己的孩子视作"刺儿头"，只是处于青春期的孩子不再是襁褓中的小宝贝，不再像家长想象中的那样罢了。然而世界本身就在不断变化之中，不是吗？拥抱变化，陪孩子一起成长，也许会是一种独特的体验呢！别忘了，你不也是从青春期过来的吗？想想那时的自己，再想想你现在对孩子的看法，你会不会有一点点感慨？要不，试着对孩子少点儿指摘？毕竟他们真的很需要你！

袁少杰

2024 年 7 月 2 日

于清华园